基于大单元视角的
普通高中生态文明教育VIPP实践活动

刘婷婷　张丽　谭峰　著

光明日报出版社

图书在版编目（CIP）数据

基于大单元视角的普通高中生态文明教育 VIPP 实践活动 / 刘婷婷，张丽，谭峰著. -- 北京：光明日报出版社，2023.9

ISBN 978-7-5194-7485-0

Ⅰ.①基… Ⅱ.①刘… ②张… ③谭… Ⅲ.①生态环境—环境教育—高中—教学参考资料 Ⅳ.① G634.983

中国国家版本馆 CIP 数据核字（2023）第 183240 号

基于大单元视角的普通高中生态文明教育 VIPP 实践活动
JIYU DADANYUAN SHIJIAO DE PUTONG GAOZHONG SHENGTAI WENMING JIAOYU VIPP SHIJIAN HUODONG

著　　者：	刘婷婷　张丽　谭峰		
责任编辑：刘兴华		责任校对：宋　悦　赵佳欢	
封面设计：中联华文		责任印制：曹　净	

出版发行：光明日报出版社
地　　址：北京市西城区永安路 106 号，100050
电　　话：010-63169890（咨询），010-63131930（邮购）
传　　真：010-63131930
网　　址：http://book.gmw.cn
E - mail：gmrbcbs@gmw.cn
法律顾问：北京市兰台律师事务所龚柳方律师

印　　刷：三河市华东印刷有限公司
装　　订：三河市华东印刷有限公司

本书如有破损、缺页、装订错误，请与本社联系调换，电话：010-63131930

开　　本：170mm×240mm		
字　　数：235 千字		印　　张：17.5
版　　次：2024 年 1 月第 1 版		印　　次：2024 年 1 月第 1 次印刷
书　　号：ISBN 978-7-5194-7485-0		

定　　价：78.00 元

版权所有　　翻印必究

前言

生态文明建设，涉及政治、经济、社会、人文等多方面，是一项巨大的工程，必须整个社会一起参与。实施好各级各类学校的生态文明教育，是促进我国生态文明建设的关键举措。高中教育对学生思想、生活方式、价值理念的形成有重要影响，因此在高中实施生态文明教育有着重要意义，教师不仅要利用课堂教学进行生态文明教育，而且还要引导学生在具体实践活动中运用生态环境知识，增强环境保护意识，并形成良好的生态文明行为，提升生态文明素养。

2016年贵州省获批成为我们国家第一批国家级生态文明试验区，贵州省委、省政府出台了一系列针对性强、坚强有力的措施，贵州生态持续向好，山更绿、水更清、空气更清新，优美舒适的生态环境成为贵州人民的"绿色提款机"、幸福生活的"绿色聚宝盆"。这些年来，贵州省在生态文明建设上取得了可喜的成绩，在生态文明教育方面积累了一定经验。

本书以贵州省普通高中为例，结合作者十余年开展生态文明教育VIPP实践活动经验，基于大单元视角，从家庭、校园和社会三个大单元设计了操作性强、适合普通高中开展的VIPP生态文明实践活动，何蒙、杨娇、黄河林、李朝丽参与了本书的编写，我们将多年教学实践中积累的 VIPP 生态文明实践活动与大家交流，因为写作时间较紧和作者编写水平的限制，书中不免有疏漏和不足之处，敬请大家多多批评指正，我们将对本书不断完善。

刘婷婷

2022 年 5 月

目 录
CONTENTS

绪论 1

家庭篇 9

零添加 9
1. 酸酸美味苹果醋 9
2. 滴滴醇香葡萄酒 13
3. 清香玫瑰甜酒酿 16
4. 酸酸甜甜就是"我"——酸奶 20

生活趣探 23
1. 小小生态瓶——蝌蚪成长记 23
2. 植物向光性实验——绿豆芽的生长观察 27
3. 自制酸碱指示剂，测定雨水PH值 31
4. 污水过滤——净水器DIY 35

变废为宝 38
1. 艺术源于生活——鸡蛋壳小盆景 38
2. 厨余垃圾处理——自制肥料 41
3. 有害垃圾处理——废旧电池再利用 44
4. 垃圾分类巧心思——mini分类垃圾桶 48
5. 减塑践于行——环保袋的制作 52

资源利用 ... 55
1. 一滴清水，一片青山 ... 55
2. 节能 N 次方，生活更健康 ... 59
3. 安全要牢记，能源天然气 ... 63

环境污染 ... 67
1. 噪声制造者，你知我也知 ... 67
2. 城市光污染，环保我先行 ... 71
3. 农药残留去除，果蔬食用更放心 ... 74
4. 践行生态农业，畜禽粪污治理 ... 77

调查研究 ... 81
1. 超市商品常见防腐剂的调查 ... 81
2. 生态系统结构和能量流动图的绘制 ... 85

校园篇 ... 88

环境与保护 ... 88
1. 解锁贵州爱地球的 N 种方式 ... 88
2. 清扫地球，洁净你我 ... 97
3. 世界的环境、生存的家园，需要你我共同守护 ... 100

疾病与健康 ... 106
1. 人与病毒的前世今生 ... 106
2. 认识糖尿病，保持健康生活 ... 113
3. 关注艾滋，关爱生命 ... 118

资源与利用 ... 121
1. "生命源泉"节约用水、合理用水主题实践活动 ... 121
2. 保护动物，从"量刑"开始 ... 126

3. 爱粮惜粮，当在一日三餐ᅟᅟᅟᅟᅟᅟᅟᅟᅟᅟᅟᅟᅟᅟᅟᅟᅟᅟᅟᅟᅟᅟᅟᅟ134

协调与平衡ᅟᅟᅟᅟᅟᅟᅟᅟᅟᅟᅟᅟᅟᅟᅟᅟᅟᅟᅟᅟᅟᅟᅟᅟᅟᅟᅟᅟᅟᅟᅟᅟᅟᅟᅟᅟᅟᅟ139

　　1. 处处造林林似海，家家植树树成荫ᅟᅟᅟᅟᅟᅟᅟᅟᅟᅟᅟᅟᅟᅟᅟᅟ139
　　2. 珍爱湿地，人与自然和谐共生ᅟᅟᅟᅟᅟᅟᅟᅟᅟᅟᅟᅟᅟᅟᅟᅟᅟᅟᅟᅟ143
　　3. "以自然之道·养万物之生"生物多样性主题实践活动ᅟᅟ148

地方与生态ᅟᅟᅟᅟᅟᅟᅟᅟᅟᅟᅟᅟᅟᅟᅟᅟᅟᅟᅟᅟᅟᅟᅟᅟᅟᅟᅟᅟᅟᅟᅟᅟᅟᅟᅟᅟᅟᅟ155

　　1. 低碳生活，引领绿色生活新风尚ᅟᅟᅟᅟᅟᅟᅟᅟᅟᅟᅟᅟᅟᅟᅟᅟᅟᅟ155
　　2. 邂逅北纬26°的贵阳，纵横生态文明之论坛ᅟᅟᅟᅟᅟᅟᅟᅟ159
　　3. "全国生态日"实践活动ᅟᅟᅟᅟᅟᅟᅟᅟᅟᅟᅟᅟᅟᅟᅟᅟᅟᅟᅟᅟᅟᅟᅟᅟ166

社会篇ᅟᅟᅟ173

生态美景ᅟᅟ173

　　1. 百里杜鹃国家森林公园生态文明实践活动ᅟᅟᅟᅟᅟᅟᅟ173
　　2. 梵净山国家级自然保护区生态文明实践活动ᅟᅟᅟᅟᅟ179
　　3. 黄果树瀑布生态文明实践活动ᅟᅟᅟᅟᅟᅟᅟᅟᅟᅟᅟᅟᅟᅟᅟᅟᅟᅟ184
　　4. 茂兰国家级自然保护区生态文明实践活动ᅟᅟᅟᅟᅟᅟ193
　　5. 万峰国家湿地公园生态文明实践活动ᅟᅟᅟᅟᅟᅟᅟᅟᅟᅟᅟ201
　　6. 织金洞世界地质公园生态文明实践活动ᅟᅟᅟᅟᅟᅟᅟᅟ209

生态文化ᅟᅟᅟᅟᅟᅟᅟᅟᅟᅟᅟᅟᅟᅟᅟᅟᅟᅟᅟᅟᅟᅟᅟᅟᅟᅟᅟᅟᅟᅟᅟᅟᅟᅟᅟᅟᅟᅟᅟ215

　　1. 遵义红色基地生态文明调查实践活动ᅟᅟᅟᅟᅟᅟᅟᅟᅟᅟᅟ215
　　2. 西江千户苗寨生态文化调查实践活动ᅟᅟᅟᅟᅟᅟᅟᅟᅟᅟᅟ220
　　3. 赤水丹霞生态文明实践活动ᅟᅟᅟᅟᅟᅟᅟᅟᅟᅟᅟᅟᅟᅟᅟᅟᅟᅟᅟᅟ227
　　4. 盘州市妥乐古银杏生态文明实践活动ᅟᅟᅟᅟᅟᅟᅟᅟᅟᅟ236
　　5. 威宁草海生物多样性调查实践活动ᅟᅟᅟᅟᅟᅟᅟᅟᅟᅟᅟᅟ243

生态示范 249
  1. 乡村振兴下生态农业的发展调查实践活动 249
  2. 花溪区国家生态文明建设示范县生态文明实践活动 257
  3. 万山九丰生态农业调查实践活动 263

附　录 269

绪论

工业革命的发展不断加速消耗自然资源、毁坏生态环境，人类即将面临着严重的生存危机。早在20世纪70年代，联合国就召开了多次环境教育的相关国际会议，并在20年后强调：教育对可持续发展至关重要。中国共产党第十八次全国代表大会后，在党章中写入了"建设生态文明"；十八大至今，以习近平同志为核心的党中央把生态文明建设列入协调统筹组织实施"五位一体"的总体布局中，实施了一系列长远的、开创性举措，这些举措关系到中华民族的永续发展，是每一个中国人都应做应实践并承担的责任。生态文明建设关系中华民族的长远发展，稳步推进生态文明教育是实现生态文明建设的重要途径。高中是学生世界观、人生观和价值观形成的关键时期，因此，在高中展开生态文明教育具有重要意义。

一、生态文明教育

（一）生态文明

生态文明大多被看作工业化社会高度发展后的必然产物，很多定义都与此来源有关。比如，张光义对生态文明的界定为：人们在改造物质世界，积极改善和优化人与自然、人与人、人与社会关系，建设人类社会生态运行机制和良好生存环境的过程中，所取得的物质、精神、制度等方面成果的总和，……比如，徐春在文章中阐述到：所谓生态文明就是人类既获利于自然，又还利于自然，在改造自然的同时又保护自然，人与自然之间保持着和谐统一的关系，这是从生态学及生态哲学的视角来看生态文明[①]。余志建认为，生态文明是人类文明的最新发展趋势，它是在先进生产力的基础上，强调并积极维护和建设自然生态环境的过程状态，[②]该说法倾向于认为生产力的发展优先于环境保护。从生态文明的目的导向出发，谢平认为生态文明是人类文明的一种形态，把尊重和维护自然作为基本前提条件，以人与人之间、人与自然之间、人与社会之间和谐共生作为基础理念，以构建可持续发展的产出和消费为基础内容，以引领人类社会走上永续发展、和谐共生的发展道路为着眼点。[③]中国人民大学博士生导师张云飞从更为宽泛的含义上重新界定生态文明，他指出生态学维度在不同程度上贯穿在整个人类社会的文明当中，一个生态文明发展不完善的社会就是在损害它们自己的生存条件。[④]当前生态文明的基础比较薄弱，因此人们很有必要修复并促进已遗失了的早期生态智慧。[⑤]

虽然生态文明在我国政治中占有重要地位，但其定义目前仍备受争议。但较为明确的是生态文明给人类带来的较大影响，这主要体现在生态意识观念、生活方式转变、生产方式的革新以及相关的社会工作变化四个方面，它是顺应时代发展需要出现的一种新的文明、新风尚，是时代进步的重要标志，反映了人类追求物质水平发展与自然环境发展的平等地位，是实现人类社会永续发展的重要因素。

（二）生态文明教育研究概念界定

根据教育的对象来看，生态文明教育可分为针对学生的狭义的校园生态文明教育和针对全体社会成员的广义生态文明教育。

从狭义而言，杨志华和严耕则主张：生态文明教育要培养具备清晰的生态文明观念和意识与丰厚的生态文明学识、科学对待生态文明的观点、具备生态

[①] 徐春. 对生态文明概念的理论阐释 [J]. 北京大学学报（哲学社会科学版），2010，47（01）：61-63.
[②] 余志建. 生态文明与生态文明教育 [J]. 教育探索，2007，（03）：67-69.
[③] 谢平. 生态文明的自然本原 [J]. 湖泊科学，2016，28（1）：1-8.
[④] ZHANG YUNFEI, On the Historical Position of Ecological Civilisation [J]. Capitalism Nature Socialism, 2019, (30): 11-25.
[⑤] 阿伦·盖尔，曲一歌. 生态文明的生态社会主义根源 [J]. 国外社会科学前沿，2021（2）：29-41.

文明建设实践操作技能、热情澎湃建设生态文明的新时代人才[1]，其目的是培育专业化的生态文明建设人才，并且更倾向于使生态文明教育成为一种专业化教育。

从广义的观点来看，杜昌建和李冬雪认为，生态文明教育是一种面向并依靠全体公民在社会实践活动中践行教育影响的广泛含义。[2]陈丽鸿和孙大勇的共同看法则是生态文明教育就是提高所有公民的生态文明意识，让接受生态文明教育的人正确认识和处理人与自然环境与人类生产力相互之间的关联，自觉构建健康文明的生活、生产方式，并且培养出一批具备综合决策才能、领导管理才能和掌握各类现代化科技，促进可持续发展的专业化人才的教育活动。[3]这个理论强调了生态文明教育对人类日常生产生活行为的作用，以及专业人才的专业知识对可持续发展的重要性。刘静对生态文明教育的界定比较全面，她提出保护自然生态环境是生态文明教育的基本内容，理论教育和实践教育是根本方法，而生态文明教育的基本目标是提高全体公民的生态文明素养，建设可持续发展的生态文明社会[4]。

综合来看，生态文明教育的开展应遵循相应的原理和指导思想，借助一定的教学载体和教学手段，教育目的可分为不同的层次，次级目的包括提升全体公民的生态文明素养水平和培养专业的生态文明建设人才，最终目的均指向人与自然的和谐相处，增加人类社会在地球上的可持续发展年限。

二、普通高中生态文明教育的内容

通过查阅大量文献发现，普通高中阶段的生态文明教育研究内容较为相似，大多数的调查研究都是从学生的生态文明知识、意识和行为三个方面展开。根据高烨楠的调查结果，高中生的生态文明知识较为欠缺，但意

---

[1] 杨志华，严耕.高校开展生态文明教育是时代发展的新要求[J].中国林业教育，2010，28（5）：1-4.
[2] 杜昌建，李冬雪."美丽中国"视域下的生态文明教育意义探析[J].教育与管理，2014（15）：4-6.
[3] 陈丽鸿，孙大勇.中国生态文明教育理论与实践[M].北京：中央编译出版社，2009.
[4] 刘静.生态文明教育的内涵、意义及实施路径[J].哈尔滨市委党校学报，2010（6）：93.

识方面表现较为优秀,但是学生的行为水平偏低,[①]这与白文灿[②]、杨天培[③]的调查结果相似。这反映了我国高中生生态文明素养水平的普遍情况,即具有较高的意识水平,但无法较好地指导自身展开实践。据此,较多学者都提出了要理论联系实际,重视生态文明实践教育,引导学生践行生态文明。总体来看,高中阶段的生态文明教育研究大多停留在经验的描述和总结,研究内容也大同小异,缺乏针对性的具体对策。

相比较来看,由于对高校的生态文明教育的研究比对普通高中的更加深入,因此普通高中开展生态文明教育可以在一定程度上借鉴和参照高校的相关研究。有专家认为生态文明教育应包含生态伦理、生态道德、生态安全、生态政治、循环经济与清洁生产等理论学习和现实体验。[④]卢文祥在《生态文明教育：中学该怎么做》中提出：中学生要重新看待"人类征服自然"这一命题,并创造性地提出了从应用人口意识的理论等来加强生态伦理教育。

普通高中学段的生态文明教育内容可参考对高校生态文明教育的研究成果,全方位提升学生的生态文明素养水平。罗贤宇和俞白桦在教学实践层面具体提出了大力开展体验式实践教学,学生通过自主探究塑造生态文明建设的价值观念,[⑤]这在近几年的高中校园生态文明教育中得到大力推广。任美娜和张兴海对我国高校的生态文明教育困境进行了系统分析,认为高校生态文明教育课程体系不完善、教材建设和实践基地有待优化等问题是目前生态文明教育的重大难题。[⑥]针对高中阶段面临的类似问题,我国一些重点中学开展了一系列的生态文明校本课程研发,但大多停留在活动展示和知识科普方面,整体内容缺乏深度和系统性,急需从新的角度和深度来研究和开发生态文明教育。

---

① 高烨楠.浙江省高中生物教学中生态文明教育现状及其对策研究[D].杭州：杭州师范大学，2018.
② 白文灿.中学生物教学中渗透生态文明教育初探[D].武汉：华中师范大学，2016.
③ 杨天培.重庆市初中生物教学中生态文明教育的调查研究[D].重庆：西南大学，2020.
④ 李兴华.高中生态文明素质教育的现实困境及对策研究[D].新乡：河南师范大学，2015.
⑤ 罗贤宇，俞白桦.价值塑造：协同推进高校生态文明教育[J].教育理论与实践，2017，37（15）：3-5.
⑥ 任美娜，张兴海.破解我国高校生态文明教育的困境[J].人民论坛，2019，（24）：172-173.

三、普通高中开展生态文明教育的路径

普通高中开展生态文明教育的具体路径大概可分为七个方面,分别是课堂教育长知识、课外活动增兴趣、宿舍食堂生活化、校园文化束行为、产学研结合开发技术创新、打造企业社会实践基地以及网络信息平台教育。七个方面形成全方位、综合化的教育体系。① 或者形成社会、学校、家庭层面的"三位一体"教育模式。在教育教学层面,也有不少学者从大方向上提出了生态文明教育的途径,比如修订教材,增加生态文明教育的内容②③等,但这些举措都缺乏具体指导方针和实践路径。

学校承担着学生成长成才的主要教育责任,为实现生态文明教育目的,学校层面急需更为具体,可操作的教育路径。在校园环境层面,要创设优美的校园生态环境,以开展废旧物品回收改造竞赛等活动连接课内外教育④,打造生态文明校园文化。课堂学习是高中生的主要生活方式,因此不少学者建议教师应充分挖掘本门学科教材中适宜拓展渗透生态文明教育的素材,为使内容全面,素材内容除了生态知识外,还应包括生态政治和生态伦理等。

生态文明教育方兴未艾,不少学校开发了具有自身特色的校本课程。课程内容除了相应的知识传授和意识培养,还着重增加了实践的内容。比如江西九江一中开发的《生态教育通用读本》《植物寄语——九江一中八里湖校区校园植物志》等,同时开发了校园植物种类调查、水质检测、垃圾分类和研学旅行等实践活动;⑤ 四川蓬溪中学积极打造了生态文明教育特色课程,并结合课程开展了相应的科技创新大赛⑥。除此之外,济南⑦、山

---

① 谭蕾.高校思想政治教育中加强生态文明教育的路径研究[D].大庆:东北石油大学,2014.
② 吴国艳.高中生物课实施生态文明教育的对策与途径[J].宿州教育学院学报,2013,16(3):187-188.
③ 伍永秋.生态文明教育在高中生物教学中的渗透[J].试题与研究,2019(10):62.
④ 林远声.解析高中政治教学中渗透生态文明教育的途径[J].课程教育研究,2019(1):59-60.
⑤ 欧阳林锋."生态文明教育"校本课程的开发与实践——以江西省九江一中八里湖校区为例[J].中学生物教学,2020(18):8-9.
⑥ 开展生态文明教育,促进学校持续发展——四川省蓬溪中学校生态文明教育纪实[J].环境教育,2019(11):93.
⑦ 郝孝真.劳动塑造文明,耕耘成就美丽—济南大学城实验高级中学生态文明教育纪实[J].环境教育,2021(6):77.

东[①]、昆明[②]和西安[③]等全国各地许多学校正在结合学校自身和地域特点进行此类校本生态文明教育，呈现出各具特色、百花齐放的特点。

四、基于大单元视角的 VIPP 实践活动——开展生态文明教育的有效途径

生态文明教育不仅需要学生在课堂上学习生态文明知识，更需要学生在实践活动中去体验。VIPP，是英文 Visualization In Participatory Programs 的简写形式，将 VIPP 方法运用于课堂教学，称为 VIPP 教学法，中文翻译为参与式可视性教学法。[④] 应用 VIPP 教学法设计的 VIPP 实践活动，更加重视学生在大自然、家庭生活、校园生活等可视的真实情景中参与生态文明活动，增加学生的生态知识，激发生态情感，进一步将生态意识转化为生态行为，提升学生的生态文明素养。课题组研究人员从 2011 年开始就致力于 VIPP 实践活动的研究，开展了珍爱生命之水、健康饮食、节约粮食等生态文明 VIPP 实践活动。

贵州省是第一批国家生态文明试验区，在生态文明建设方面取得了很好的成效，本书以贵州省普通高中为例，结合作者多年开展生态文明教育 VIPP 实践活动的经验，基于大单元，站在更高的整体性视角，按照家庭篇、校园篇和社会篇三个大单元、大情景，设计了一系列相互关联、层层递进的生态文明教育主题 VIPP 实践活动，这些主题活动操作性、针对性强，能够很好地提升学生生态文明素养。家庭篇，编写了高中生在家可以做的零添加食品、生活趣探、变废为宝、资源利用、环境污染、调查研究等 6 类 22 个 VIPP 实践活动；校园篇，按照国际森林日（3 月 21 日）、节水日（3 月 22 日）、世界地球日（4 月 22 日）、生物多样性日（5 月 22 日）、贵州生态日（6 月 18 日）等，设计了按月在学校开展的 15 个 VIPP 实践

[①] 李瑞国，李霞. 创建绿色校园，绘就生态画卷——山东省济南第九中学生态文明教育纪实 [J]. 环境教育，2021（6）：79.

[②] 高滇霞. 从看见绿色到听见绿色——昆明滇池度假区实验学校生态文明教育纪实 [J]. 环境教育，2021（6）：82.

[③] 将生态文明贯穿学校教育的全过程——西安市西大附中浐灞中学生态文明教育纪实 [J]. 环境教育，2021（6）：90.

[④] 刘婷婷，李亚军. VIPP 教学法在中学生物教学中的初探 [J]. 贵州师范大学学报，2006（2）：184.

活动；社会篇，选取了贵州有代表性的生态农业、森林公园等生态文明示范景区，设计了14个实践活动，活动范围包括了有代表性的自然生态景色、生态文化、生态文明建设示范点，贵州省的每个地州市至少设计了一个实践活动，方便学生到每个地区实践，了解贵州的生态美景、生态文化，激发学生走出校园，走到大自然真实美景中，感受生态贵州、多彩贵州的乐趣，提升生态文明素养，同时潜移默化形成生态文明意识。每一篇实践活动都设计了活动背景、活动目标、活动内容、活动地点、人数分组、VIPP实践活动步骤、活动评估、注意事项、过程记录等9个版块，内容具体，路径清晰，便于操作实践。本书设计的实践活动涵盖面广，内容丰富，形式多样，有学生个人完成的实践活动，也有小组合作完成的实践活动；可以全部实施，也可选择自己感兴趣的活动实施；可以按家庭、校园、社会三个大单元实施，也可以从中选择某一主题作为单元，从家庭、校园、社会三个层面实施，本书多角度整体构建生态文明教育VIPP实践活动，让学生在可视化情景下积极参与，体验感悟，符合高中生的学习、认知特点，能很好地提升学生的生态文明素养。

家庭篇

零添加

1. 酸酸美味苹果醋

一、活动背景

新教材人教版高中生物学选择性必修三第一章发酵工程中介绍了传统发酵技术及工业化发酵产品生产工艺等,结合常见的水果——苹果,指导学生酿制别具风味的苹果醋等饮品,让学生开展劳动实践,充分体验与自然相结合的生态文明生活方式。果醋频繁出现在人们的购物清单中,因为这是一种具有缓解疲劳等功效的健康饮品,深受上班族和学生等人群的喜欢,而苹果醋在果醋这个家族中的地位也是至关重要。如何将课本所学知识用于生活,服务于生活,通过自己的双手去制作一杯口感很棒的酸酸苹果醋,体会自己所学的知识,增强自己的动手能力呢?让我们一起了解并动手做一杯苹果醋吧!当然你也可以利用自己喜欢的水果做出自己喜欢的果醋,可以用刺梨、梨、葡萄等。

自制酸酸苹果醋 摄影：何蒙

二、活动目标

（一）结合高中生物所学果醋制备的知识掌握苹果醋的制作方法，实现理论与实践的结合，培养动手能力。

（二）了解苹果醋的营养价值，培养和提升健康生活的意识。

三、活动内容

（一）相关知识查阅：了解果醋发酵的原理及营养价值。

（二）制作实践：制作苹果醋，体验苹果醋的具体制作过程。

四、活动地点

室内。

五、人数分组

每1—4人一组。

六、VIPP实践活动步骤

（一）查找资料，了解果醋发酵的原理及营养价值

1.需要的菌种：醋酸菌，新陈代谢类型为异养需氧型。

2.菌种的来源：有酸味出现的酒的表面菌膜，例如将酒精含量较低的

酒类（啤酒或其他果酒）盖上纱布放置于空气中一周左右，其液面上会生长出一层薄膜，也可以到市场上购买人工制作好的醋酸菌种。

3. 相关反应：

（1）氧气充足、糖源充足条件下：$C_6H_{12}O_6+2O_2 \xrightarrow{酶} 2CH_3COOH+2CO_2+2H_2O$

（2）氧气充足、缺少糖源、有酒精存在的条件下：

$C_2H_5OH+O_2 \xrightarrow{酶} CH_3COOH+H_2O$

4. 果醋的营养价值：

果醋中含有丰富的维生素、果胶、有机酸、矿质元素等，具有软化血管，降低血脂，缓解疲劳等作用。

（二）准备好所需材料、用具：苹果、米醋、少许冰糖、玻璃瓶。

制作苹果醋的原料　摄影：何蒙

（三）果醋制备的操作过程

1. 苹果洗净后擦拭干净残留水分，切成薄片，将薄片放入玻璃瓶中，根据自己的喜好放入适量冰糖覆盖住苹果，再重复以上步骤，即一层苹果一层冰糖。

2. 倒入米醋，米醋淹没苹果和冰糖即可，再盖好盖子，这样就可以了。

3. 根据发酵的特点，将盛放苹果的瓶子移到空气流通且阴凉的地方，定时隔段时间打开一次，两个月左右，当观察到玻璃瓶里的液体呈红棕色，就可以尝尝自制的苹果醋了，可以将发酵好的果醋倒入瓶子中，喝的时候如果太甜，可以兑些水。

七、活动评估

活动结束后，主要从以下几个方面来综合评估实践效果：

（一）制作 PPT 展示果醋发酵的基本原理、果醋的制作过程（照片）、活动感想。

（二）带上自己制作的苹果醋与同学分享。

八、注意事项

（一）削苹果时注意用刀安全。

（二）使用的所有器皿一定用沸水冲洗 2 遍，以免杂菌污染。

（三）发酵过程要转移到阴暗环境中，注意环境温度的适宜。

九、过程记录

活动目标	（一）结合高中生物所学果醋制备的知识掌握苹果醋的制作方法，实现理论与实践的结合，培养动手能力。 （二）了解苹果醋的营养价值，培养和提升健康生活的意识。
过程记录	

2. 滴滴醇香葡萄酒

一、活动背景

日常生活中我们食用的很多食品都有各式各样的食品添加剂，很多食品添加剂的食用都会对人体造成一定的危害。葡萄酒是人们利用酵母菌发酵而来的一种饮品，其制作历史源远流长。葡萄酒的味道醇厚、浓郁、耐人寻味，营养价值丰富，具有一定的保健养生功效。葡萄酒除了可以在超市里买到，我们在家也可以自己动手制作，制作也不难，让我们在家自己动手做一份健康的零添加的葡萄酒吧！

葡萄酒制作　摄影：黄河林

二、活动目标

（一）知道葡萄酒的营养价值及养生作用，学习葡萄酒的酿造方法。

（二）体验葡萄酒的制作过程，体验传统发酵技术的魅力，体验动手乐趣。

三、活动内容

（一）相关知识查阅：了解葡萄酒的营养价值及养生作用。葡萄酒的种类繁多，营养丰富，因葡萄的栽培、葡萄酒生产工艺条件的不同，产品风味各不相同。

（二）制作实践：动手制作葡萄酒，体验葡萄酒的具体制作过程。

四、活动地点

室内

五、人数分组

每1—4人一组

六、VIPP实践活动步骤

（一）查找资料，了解葡萄酒的起源

葡萄酒是以鲜葡萄或葡萄汁为原料，经全部或部分发酵酿制而成的，酒精度不低于7.0%的酒精饮品。最早开始栽培葡萄和酿造葡萄酒的国家是亚洲的格鲁吉亚，后来通过航海运输，一些航海家把葡萄栽培及葡萄酒酿造技术带到其他地区。我国古代也有很多关于葡萄酒酿造的历史记载，葡萄酒主要在唐朝和元朝时被引进我国，有很多史料和诗句为证，比如说："葡萄美酒夜光杯，欲饮琵琶马上催"等脍炙人口的诗句。

（二）准备好所需材料、用具：葡萄、磨砂口玻璃瓶、酵母粉、冰糖、白开水。

（三）制作过程：

1. 取所要用到的葡萄用清水浸泡一会儿后用水冲洗一遍，冲洗的目的是洗去浮尘，但这里需注意不能反复冲洗，目的是更好地保存葡萄皮上的酵母菌。

2. 用剪刀剪去葡萄串上的枝梗，可以留下一点果蒂，避免伤到果皮。这里不用手去摘下葡萄，因为摘下葡萄的过程可能会使果皮破损，果皮破损的葡萄不能用作葡萄酒，以免杂菌污染，影响酒的品质。将葡萄一颗颗地剪下来放置在干净的盘子中备用。

3. 取磨砂口玻璃瓶，内外用沸水冲洗两遍，将葡萄挤碎果肉后放入玻璃瓶中，注意将葡萄果肉、葡萄皮、葡萄籽一起放入，不断加入至距离瓶口约三分之一的位置，注意不能加太满以免后期发酵过程中葡萄汁液溢出，按照6斤葡萄一斤糖的比例加入冰糖。

4. 发酵过程中要将浮在发酵液表面的葡萄皮压下去，以便更好进行后续发酵。

5. 夏天气温高的时候只需20天左右就可以酿好，如果温度低于30℃可以再多发酵几天。

6. 葡萄酒酿好以后，要把葡萄果肉、葡萄皮、葡萄籽等残渣都滤掉。滤渣可用漏瓢也可用纱布。用来过滤的工具必须经过消毒处理，避免杂菌污染。

7. 保存一段时间，不同时间段葡萄酒会有不同的风味，给人一种回味无穷的感觉。

七、活动评估

活动结束后，主要从以下几个方面来综合评估实践效果：

（一）制作PPT展示葡萄酒发酵的基本原理、葡萄酒的制作过程（照片）、活动感想。

（二）带上自己制作的葡萄酒与同学分享。

八、注意事项

（一）在用剪刀等工具去除葡萄枝梗时注意安全。

（二）使用的所有器皿一定用沸水冲洗2遍，以免杂菌污染。

（三）葡萄酒度数不高，但饮用也需适量。

九、过程记录

活动目标	（一）知道葡萄酒的营养价值及养生作用，学习葡萄酒的酿造方法。 （二）体验葡萄酒的制作过程，体验传统发酵技术的魅力，体验动手乐趣。
过程记录	

3. 清香玫瑰甜酒酿

一、活动背景

　　甜酒因其甜而略带酒味，成了我们单独食用或与其他食物煮后一起食用的甜品小吃，比如酒酿汤圆、酒酿醪糟等。甜酒又叫作酒酿，北方也称醪糟，食用甜酒可以补充氨基酸、维生素等营养物质，也可以提高免疫力和促进新陈代谢，此外甜酒还有舒筋活血的功效，消化不良的人可以通过喝甜酒来促进胃液分泌，从而增加食欲，哺乳期可适当用甜酒一起煮鸡蛋来促进乳汁的分泌。甜酒凭借其诸多功效走进千家万户。但是，你知道甜酒除了可以在超市里买到，其实在家也可以制作，并且程序并不难吗？制作甜酒可以用我们吃剩的白米，再加上玫瑰，别有一番风味。让我们利用这些材料做一份健康的零添加的玫瑰甜酒吧!

玫瑰甜酒 摄影：刘婷婷

二、活动目标

（一）通过搜集甜酒的相关知识，了解甜酒的历史。

（二）通过制作甜酒了解发酵原理，掌握发酵技术，体会知识与技术在生产生活中的应用。

（三）将生活中一些吃剩或不用的材料重新制作成美味的食物，形成健康和节约的生活理念。

三、活动内容

（一）相关知识查阅：了解甜酒的历史，认识甜酒制作的原理。

（二）制作实践：制作玫瑰甜酒，体验甜酒的具体制作过程。

四、活动地点

室内。

五、人数分组

每1—4人一组。

六、VIPP 实践活动步骤

（一）查找资料，了解甜酒的起源

相传甜酒起源于元朝末年，苏州的一位运盐工名叫张士诚，因不满盐官的欺辱压迫揭竿反元，竖年春，张士诚带着母亲躲避元朝兵将的追捕，其间因没有粮食导致饥饿晕倒，幸而被一户农家救起，并向农户讨要到了发酵过头的酒酿米焙制的面饼充饥。东柳醪糟酿造的历史悠久，开始于汉朝，在清朝时已经很流行，在《大竹县志》中有记载："甜酒亦以糯米酿成，和糟食用，故名醪糟，以大竹城北东柳桥所出为最"，所以又称东柳醪糟。古时就已有人将剩饭直接盛入装过甘草、丁香和甜草等草药粉末的碗内，制成了又香又甜又有酒味的剩饭，这就是甜酒的缘起，后来因为其独特的滋味被大家喜爱，也有了专门制作甜酒的作坊，清光绪年间东柳醪糟就声名声大噪。

（二）准备好所需材料、用具：剩饭或者糯米、白开水、干玫瑰、酒曲、面粉、保鲜膜以及一个制作甜酒的密封罐。

（三）甜酒的制作过程

1. 收集吃剩的米饭，但不要已经完全煮烂的那种，当然如果是糯米的话要提前浸泡 5 个小时左右，如果用的是剩米饭就不用浸泡了。

2. 将做甜酒的密封罐（瓷质或玻璃的都可以）用煮沸的水烫过，容器里留一半的热水，用毯子或其他保温材料将其包裹住，使其保持温度。

3. 干玫瑰花用热水浸泡，待用。

4. 将之前收集的米饭晾至不烫手后，倒进凉白开水中，淘洗一遍后用漏勺取出。

5. 称取 10g 左右的酒曲（又名酒药），往其中加入一些面粉，这样可以让酒曲更充分地发酵，然后将酒曲加入过水后的米饭中，拌匀即可。发酵的温度要在 30℃左右，温度过高，酒曲中的酵母会被烫死，温度太低，发酵效果会受到影响。

6. 把事先经保温过的盛放甜酒的密封罐中的水倒出后，将上一步中的拌匀酒曲的米饭放入密封罐，放一层米饭，再放一层玫瑰花，依次放入，压实后，中间捣出一个酒窝，再淋一些凉白开水，贴上保鲜膜、盖上盖子后，在外面包裹一层毯子用于保温，夏天发酵 24 小时就可以，冬天发酵 36 小时比较好。

七、活动评估

活动结束后，主要从以下几个方面来综合评估实践效果：

（一）制作 PPT 展示玫瑰甜酒的制作原理、过程（照片）、活动感想。

（二）带上自己制作的甜酒与同学分享。

八、注意事项

制作甜酒过程中注意温度和时间的控制。

九、过程记录

活动目标	（一）通过搜集甜酒的相关知识，了解甜酒的历史。 （二）通过制作甜酒了解发酵原理，掌握发酵技术，体会知识与技术在生产生活中的应用。 （三）将生活中一些吃剩或不用的材料重新制作成美味的食物，形成健康和节约的生活理念。
过程记录	

4. 酸酸甜甜就是"我"——酸奶

一、活动背景

酸奶作为发酵奶制品，具有丰富的营养，对人体有很多好处，比如缓解便秘及细菌性腹泻，特别是对于乳糖不耐受的人，酸奶是一个很不错的选择，当然也因为它不错的口感，深受大家的喜爱。在市场中我们可以看到多种多样的酸奶饮品，其实酸奶的制作并没有想象中的那么复杂，我们用喝不完的鲜牛奶，利用乳酸发酵即乳酸菌进行无氧呼吸产生乳酸的原理就可以做出酸奶，让我们一起自己动手制作一杯健康零添加的美味酸奶吧。

电饭煲自制完成的酸奶 摄影：何蒙

二、活动目标

（一）了解酸奶的营养价值及制作的原理。

（二）掌握制作酸奶的方法，自制酸奶，体验课本关于乳酸发酵的知识，将课本知识学以致用，养成健康饮食的习惯。

三、活动内容

（一）相关知识查阅：了解酸奶的营养价值。

（二）制作实践：制作酸奶，体验酸奶的具体制作过程。

四、活动地点

室内。

五、人数分组

每1—4人一组

六、VIPP 实践活动步骤

（一）查找资料，了解酸奶相关知识

通过查阅有关酸奶营养价值的资料，了解牛奶经乳酸菌发酵成酸奶后，糖、蛋白质等被分解为易吸收的小分子，产生较多的有机酸、维生素，同时保留了鲜奶中的钙等矿物质不变，有机酸能促进钙的吸收，能帮助人体更好地补钙，还能刺激胃肠道蠕动，可以有效调理肠胃，治疗便秘等。酸奶制作的原理是利用乳酸菌进行无氧呼吸产生乳酸。在发酵过程中要注意控制条件和放在适宜的温度下。此外，我们要学会挑选营养价值更为丰富的酸奶。不同的人对于酸奶的需求是不同的，所以市面上的酸奶产品多种多样，我们可以通过看成分表，选择合适的产品，第一成分是生牛乳，且比例大于90%的酸奶纯度会更高，更适合小朋友，当然有很多酸奶饮品兼顾了口感和营养两个方面，所以大家可以根据自己的需要做出合适的选择。

（二）准备好所需材料、用具：鲜牛奶、糖或蜂蜜、酸奶发酵粉（含乳酸菌，也可以用市售的酸奶）、电饭煲或酸奶机。

（三）酸奶的制作过程

1. 将电饭煲内胆洗净，不要留有油渍。将鲜牛奶倒入内胆中，加入少量糖或蜂蜜，混匀后，利用电饭煲加热牛奶至38℃左右（食品温度计测量），保温处理。在这期间你也可以加入一些用榨汁机鲜榨出来的果汁，制成不同果味的酸奶。

2.加入酸奶发酵粉混匀后盖上盖子,利用电饭煲余温静置8小时即可,可以将酸奶倒入杯子中置于冰箱保鲜冷藏。

当然市面上也有专门制作酸奶的小家电,电饭煲也可以用来制作酸奶,所以我们想要在家制作酸奶是一件很简单的事情,只是一次性不要做太多,长期放置在冰箱中也会影响风味及导致营养的散失。

七、活动评估

活动结束后,主要从以下几个方面来综合评估实践效果:

(一)制作PPT展示酸奶制作的原理和简要流程,与同学们进行交流。

(二)实物展示:带上自己制作的酸奶进行展示和分享。

八、注意事项

(一)使用的所有器皿一定用沸水冲洗2遍,以免杂菌污染。

(二)做好的酸奶放在冰箱保存一段时间口感会更好。

九、过程记录

活动目标	(一)了解酸奶的营养价值及制作的原理。 (二)掌握制作酸奶的方法,自制酸奶,体验课本关于乳酸发酵的知识,将课本知识学以致用,养成健康饮食的习惯。
过程记录	

生活趣探

1. 小小生态瓶——蝌蚪成长记

一、活动背景

　　生态瓶的制作在小学课本中就有提到，这是学生认知生态系统组成的有效活动，但是随着学段的递开，需要同学们对生态系统有更深入的重新认知，生态瓶的知识也被纳入了高中生物教材。制作生态瓶对于同学们认知生态系统的基本概念以及生物与无机环境之间的联系是很重要的。生态瓶是人工模拟的微型生态系统，而生态系统是生物群落和无机环境的统称。通过生态瓶的设计、制作可以帮助我们认识生态系统的组成成分，了解生态系统的各组成成分间的紧密联系，帮助我们了解到由于生态系统的各组成成分各司其职，生态系统才能保持着相对稳定的状态。让我们自制一个生态瓶，观察瓶中蝌蚪的成长过程，一方面学习生态系统的相关知识，另一方面感受蝌蚪变态发育的神奇。

自制简易生态瓶　摄影：何蒙

二、活动目标

（一）结合高中生物所学生态瓶的知识设计并制作生态瓶，实现理论与实践的联系。

（二）通过对生态瓶的合理设计，了解生态系统的组成成分和生态系统的功能，以及关于蝌蚪变态发育的相关知识。

（三）通过生态瓶的制作，认识生物与环境之间和谐的重要性，通过观察蝌蚪的变态发育过程，认识生命的孕育离不开环境，提升生命观念，培养热爱自然和保护自然的意识。

三、活动内容

（一）相关知识查阅：了解生态系统的组成成分、生态系统的功能及生态瓶的设计。

（二）制作实践：制作一个小生态瓶。

（三）观察实践：观察生态瓶中蝌蚪发育的情况。

四、活动地点

室内室外均可，需通风。

五、人数分组

每1—4人一组。

六、VIPP实践活动步骤

（一）生态瓶设计

因本节内容主要想通过自制的生态瓶来观察蝌蚪的变态发育过程，所以要创造适宜蝌蚪生存的水生环境。当然生态瓶的类型是多样的，也可以模拟陆地生态系统的情况，所选的材料也要进行相应调整。材料应根据生态系统的组成成分来挑选，瓶内各种生物要在营养结构上有联系，数量不能太多，不同种生物要保持一定的比例。

（二）准备好所需材料、用具：河水或经过晾晒的自来水、蝌蚪、水草、藻类植物、河泥、带盖的透明的瓶子或敞口容器（用保鲜膜封好容器口）。

（三）生态瓶的制作过程：

1. 先到户外获取一定量的河水放入瓶中备用，若没有河水，将自来水晾晒2天或室内放置3天左右，目的是使氯气挥发。

2. 准备好无色透明的塑料瓶或玻璃杯洗净，放入河泥或泥土3—5cm，再缓慢倒入河水或放置后的自来水，放入水草等，再放入1—2只蝌蚪，因为生态瓶体积有限，不能放入多只蝌蚪，否则因消费者过多、耗氧量大、环境密闭反而容易死亡。

注：也可将还未放入蝌蚪的含水草的生态瓶在适宜温度下放置一段时间，通过光合作用增加瓶中的氧气含量，条件是需要有光，但是不能在中午的时候让太阳暴晒，否则反而降低植物的光合作用，减少生态瓶中的氧气含量。

3. 用瓶盖盖住或保鲜膜封住瓶口，因为生态瓶是一个密闭的微型生态系统，所以封住瓶口才能更好地观察生态系统要维持稳态所需的条件。将生态瓶放在有光通风的地方。

（四）蝌蚪发育过程的观察：

观察并记录每天的气温、生态瓶中蝌蚪的发育情况。

实验过程观察到的青蛙尾部消失的变态发育 摄影：何蒙

变态发育指动物胚后发育过程中，幼体和成体在形态结构和生活习性上出现显著变化的一种发育过程，蝌蚪变态发育要经过受精卵、蝌蚪、幼蛙再到成蛙。

七、活动评估

活动结束后，主要从以下几个方面来综合评估实践效果：

（一）介绍设计的生态瓶的组成成分。

（二）从照片、表格记录蝌蚪生长发育的过程。

（三）将以上两个内容制成PPT，用于同学间的交流。

八、注意事项

要将生态瓶放置在通风、受光但不能受光直射的地方。

九、过程记录

活动目标	（一）结合高中生物所学生态瓶的知识设计并制作生态瓶，实现理论与实践的联系。 （二）通过对生态瓶的合理设计，了解生态系统的组成成分和生态系统的功能，以及关于蝌蚪变态发育的相关知识。 （三）通过生态瓶的制作，认识生物与环境之间和谐的重要性，通过观察蝌蚪的变态发育过程，认识生命的孕育离不开环境，提升生命观念，培养热爱自然和保护自然的意识。
过程记录	

2. 植物向光性实验——绿豆芽的生长观察

一、活动背景

植物向光性的知识在高中生物学课本中有详细的介绍，主要是由于生长素在单侧光照射下分布不均造成的。课本中介绍了达尔文等科学家对植物向光性进行研究的经典实验，但是在课堂上我们只能通过课本或借助多媒体手段去了解这部分知识，并不能亲身去感受。若能利用我们身边的材料进行简单的实验，直接观察植物向光性的现象，既可以加深对课本知识的理解，又能够培养我们科学探究的意识，还能在实验记录过程中感受生命生长发育的过程。那现在，让我们以绿豆芽的生长为例，开始植物向光性实验的观察吧，你准备好材料了吗？

阳台种植的植物出现明显的向光性　摄影：何蒙

二、活动目标

（一）结合高中生物所学向光性的知识了解植物向光性的原因，分析该实验所需的材料和实验条件。

（二）通过对该实验的观察和记录，了解科学探究的基本过程，培养科学素养和科学探究能力。

（三）通过对绿豆芽生长发育过程的观察，树立正确的生命观念，认识生物的生长离不开自然环境的支撑，培养保护生命和爱护自然的意识。

三、活动内容

（一）相关知识查阅：了解植物向光性知识。

（二）科学实践：设计并实施绿豆芽向光性实验。

四、活动地点

室内受光位置较好处或阳台处。

五、人数分组

每 1—4 人一组

六、VIPP 实践活动步骤

（一）设计植物向光性实验

植物向光性是因为在单侧光的照射下生长素分布不均而出现的植物向光生长的现象，所以本实验的环境条件是让绿豆处于一个不均匀受光的状态下。在鞋盒或封盖的纸箱旁边剪出一个孔洞做到，再将该鞋盒或纸箱置于光下，那光就只会透过小孔进入鞋盒中，这就有了单侧光的不均匀受光环境。

当然，为了实验的科学性，可设置一组在均匀光照下的豆芽组作为对照，也可以在实验组和对照组中放入多个小组进行重复实验，这样既能比较在相同条件下豆芽的生长状况，也可以比较实验组和对照组下豆芽的生长状况。

（二）准备好所需材料、用具：绿豆、废弃的易拉罐或一次性纸杯、鞋盒或小纸箱、泥土。

家庭篇

绿豆 摄影：何蒙

（三）植物向光性实验的操作过程

1. 取一个废弃的鞋盒或小纸箱，在旁边开出一个小孔，放置在阳台备用。

开孔的鞋盒或小纸箱 摄影：何蒙

注：设置这一步的目的是还原课本内容：单侧光对胚芽鞘生长的方向的影响，加深对课本知识的理解。当然也可以不用小纸箱，直接将装有绿豆的一次性杯子放在阳台上也可观察到绿豆芽的向光性。

29

2. 若用带孔的纸箱或鞋盒，则继续以下操作。取 2 个一次性杯子放入一些泥土，每个杯子放入 5 颗绿豆，适当浇水，再统一放在第一步中处理后的鞋盒中，置于阳台，作为实验组，将有孔的一面朝向外侧。

3. 另取 2 个一次性纸杯，放入与试验组同量的泥土，每个杯子放入 5 颗绿豆，适当浇水，置于阳台相同位置，保障受光的均匀，作为对照。

4. 观察并记录两组豆芽的生长状况。可制作以下表格：

	实验组	对照组
第一天		
第二天		
第三天		
……		

大约五天后就可以看到绿豆芽向光生长的特点。

七、活动评估

活动结束后，主要从以下几个方面来综合评估实践效果：

（一）对植物向光性知识的了解。

（二）将绿豆芽向光性实验观察的具体过程拍照制成 PPT。

（三）可将已经出现向光性的绿豆芽带来向同学们进行展示。

八、注意事项

（一）制作盛放绿豆芽的纸箱用剪刀时注意安全。

（二）注意数据记录的及时性和准确性。

九、过程记录

活动目标	（一）结合高中生物所学向光性的知识了解植物向光性的原因，分析该实验所需的材料和实验条件。 （二）通过对该实验的观察和记录，了解科学探究的基本过程，培养科学素养和科学探究能力。 （三）通过对绿豆芽生长发育过程的观察，树立正确的生命观念，认识生物的生长离不开自然环境的支撑，培养保护生命和爱护自然的意识。
过程记录	

3. 自制酸碱指示剂，测定雨水 PH 值

一、活动背景

近年来工业发展迅速，部分工业生产会排放一些具有污染性的气体，对生态环境造成破坏，比如说酸雨现象就是人们向大气中大量排放 SO_2、NO_2 等酸性物质导致的，除了工业废气，机动车尾气也是产生酸雨的一个主要原因。酸雨会产生多方面的危害，包括对人类健康、植物、水生生物、

土壤结构和建筑设施设备等都有不同程度的危害。如何测定雨水的 PH 值呢？我们可以尝试自己动手在家里制作酸碱指示剂。

紫甘蓝制作酸碱指示剂　摄影：黄河林

二、活动目标

（一）了解酸雨的形成及酸雨的危害，了解如何减少酸雨的产生，意识到保护生态环境的重要性。

（二）尝试自己动手制作酸碱指示剂测定雨水 PH 值，提升动手能力。

三、活动内容

（一）相关知识查阅：查阅资料了解有关酸雨的形成、危害及如何减少酸雨的产生的知识。

（二）科学实践：尝试自己动手制作酸碱指示剂测定雨水 PH 值。酸碱指示剂是一类结构较复杂的有机弱酸或有机弱碱，它们在溶液中能部分电离成指示剂的离子和氢离子（或氢氧根离子），并且由于结构上的变化，它们的分子和离子具有不同的颜色，因而在 PH 不同的溶液中呈现不同的颜色。

四、活动地点

实验制作在家中,查阅资料在图书馆或者家中,雨水取样在室外。

五、人数分组

每 1—4 人一组。

六、VIPP 实践活动步骤

(一)查找资料,了解酸雨相关知识

由于空气中有 CO_2,正常雨水的 PH 值大约在 5.6,所谓酸雨是指 PH 值小于 5.6 的雨雪或其他形式的降水,主要是人为地向大气中排放大量酸性物质所造成的。

在网上或图书馆查阅资料,了解酸雨是如何形成的及其危害以及如何测定酸雨的 PH 值,有哪些材料可以作为酸碱指示剂。

以小组为单位,分工协作,在网络上或到图书馆查阅相关文献资料,了解酸雨的形成原因及形成过程。可制作以下表格:

导致酸雨形成的物质	原理	如何预防
SO_2		
NO_2		
SO_3		
NO		
……		

(二)准备好所需材料、用具:花瓣、紫甘蓝叶子、萝卜、纱布、研钵、酒精。

(三)活动过程

1.取一些花瓣、紫甘蓝叶子、红萝卜分别剪碎,分别放在三个研钵中捣烂。

2. 在三个研钵中各加 5 毫升酒精溶液，充分搅拌，浸泡 10 分钟，分别用四层纱布过滤。

3. 所得滤液分别是花瓣色素、植物叶片色素和胡萝卜素的酒精溶液，将过滤所得溶液分装在三个瓶子中，用记号笔做好标记。

4. 取家中白色的三个碗，在其中分别滴入一些稀盐酸、稀的氢氧化钠溶液，然后分别滴入三滴前面制成的植物色素指示剂的酒精溶液，记录变色情况，跟色素溶液原来的颜色作对比。选择遇酸、遇碱变色明显的植物制作为酸碱指示剂。

（三）将自制的酸碱指示剂用于测量雨水 PH 值，观察并记录实验现象。

在下雨天，用洗干净的瓶子收集一些雨水，滴入 2—3 滴我们自制的酸碱指示剂，观察其变色情况。

七、活动评估

活动结束后，主要从以下几个方面来综合评估实践效果：

（一）对有关酸雨及酸雨形成的资料的收集。

（二）成功用一些简易材料制作酸碱指示剂并用于雨水 PH 值的检测。

（三）把酸雨形成及危害、自制酸碱指示剂过程（照片）、雨水 PH 检测结果等内容制作成 PPT，与同学交流分享。

八、注意事项

（一）室外采集雨水时注意安全。

（二）制作酸碱指示剂时要用到稀盐酸、稀的氢氧化钠溶液，注意安全

九、过程记录

活动目标	（一）了解酸雨的形成及酸雨的危害，了解如何减少酸雨的产生，意识到保护生态环境的重要性。 （二）尝试自己动手制作酸碱指示剂测定雨水 PH 值，提升动手能力。
过程记录	

4. 污水过滤——净水器 DIY

一、活动背景

生命起源于海洋，水是生物体内含量最多的化合物，我们的生活离不开水，污水处理厂的存在就是为了实现水的循环利用，缓解水资源短缺，减少对环境的污染。水污染、淡水资源短缺等水资源问题是全球生态环境的主要问题之一，无论是工厂排放的污水还是日常生活产生的污水，若处理不当都会对生态环境造成不小的影响。虽然我们只是一名高中生，并不具备专业的知识技能，但是我们可以利用生活中一些材料制作简易的净水器，从中体会获得干净水的不易，形成保护水环境、节约用水的生态文明意识。

自制简易净水器　摄影：刘婷婷

二、活动目标

（一）通过查阅相关知识了解目前国内外水污染的情况，认识到保护水资源的重要性。

（二）利用身边的一些材料制作简易的净水器，认识过滤的一般原理。

（三）设计一个小实验验证所做净水器的净水效果，了解科学探究的一般流程。

三、活动内容

（一）相关知识查阅：查阅水污染的现状，说出自己对于水污染的认识。

（二）制作实践：制作简易净水器，体验简易净水器的具体制作及净水过程。

四、活动地点

室外宽敞的地方。

五、人数分组

每1—4人一组。

六、VIPP实践活动步骤

（一）查找相关资料了解国内外水污染的现状，谈谈自己对水污染出现的原因以及防治措施的认知。

（二）准备好所需材料、用具：1个大号的透明饮料瓶（带瓶盖）、棉花、纱布、活性炭、沙子、鹅卵石、剪刀。

（三）简易净水器的制作过程：

用剪刀把大号透明塑料瓶的底部去掉，把塑料瓶倒置，在靠近瓶口一侧铺上棉花，再放上一层纱布。

在纱布上放一层活性炭，再放一层纱布。

纱布上放一层沙子，其上放置一层纱布，再放上鹅卵石。这样一个简易净水器就做好了。

把污水倒入简易净水器中，观察到当浑浊的污水流过简易净水器后，变得清澈了。

七、活动评估

活动结束后，主要从以下几个方面来综合评估实践效果：

（一）实物展示：展示所制作的简易净水器。

（二）PPT展示制作简易净水器的原理及净水过程，并与同学分享。

八、注意事项

使用剪刀剪掉饮料瓶瓶底的时候要小心操作，不要弄伤自己。

九、过程记录

活动目标	（一）通过查阅相关知识了解目前国内外水污染的情况，认识到保护水资源的重要性。 （二）利用身边的一些材料制作简易的净水器，认识过滤的一般原理。 （三）设计一个小实验验证所做净水器的净水效果，了解科学探究的一般流程。
过程记录	

变废为宝

1. 艺术源于生活——鸡蛋壳小盆景

一、活动背景

鸡蛋因其营养价值高且价格便宜，一直是我们重要的食材，可以做煎蛋也可以直接蒸，还可以做成白水煮蛋或是卤蛋等，生活中对于鸡蛋的需求可以说是很大的，但是蛋壳往往被当作垃圾扔掉了，其实蛋壳也可以成为艺术品，为我们的家庭增添不一样的色彩，各种食材用剩的部分或包装也可以变成宝贝，不信的话我们一起试一试吧！

种植在阳台的鸡蛋壳盆景　摄影：李朝丽

二、活动目标

（一）通过收集鸡蛋壳，将其做成小盆景，培养动手动脑的能力以及创新能力，形成变废为宝的意识。

（二）通过鸡蛋壳盆景的制作过程，发现生活、热爱生活，领悟每样东西都有存在的价值。

三、活动内容

制作实践：收集鸡蛋壳，制作鸡蛋壳盆景。

四、活动地点

室内与室外均可。

五、人数分组

每1—4人一组。

六、VIPP 实践活动步骤

（一）准备好所需材料、用具：鸡蛋托盘（超市盛放鸡蛋的容器）、鸡蛋壳、小植物、泥土、碗、绳子、剪刀和锥子。

（二）鸡蛋壳盆景的制作过程

1. 收集使用过的鸡蛋壳

由于鸡蛋壳需要留着备用，我们取蛋液的时候尽量减少对蛋壳的损坏，至少要保留三分之二的完整蛋壳，可以将鸡蛋气孔的方向朝上，用剪刀或小刀的刀尖扎蛋壳，注意要稳，否则会有裂痕。

2. 取干净的碗，将鸡蛋朝下，左右摇晃使蛋液流到碗中，然后用镊子轻轻将蛋壳内壁的白膜撕下来，操作要细心且小心，不要弄碎蛋壳（也可以使用煮熟的鸡蛋，在鸡蛋顶部小心用剪刀扎，小心剥至保留蛋壳的三分之二，再用小勺子将里面的蛋白和蛋黄挖出来）。在蛋壳的底部用锥子扎出一个小洞，用于排水。

3. 将泥土和备好的植物种子或幼苗种入蛋壳花盆中，土不要超过蛋壳。然后将做好的小盆栽放在鸡蛋托盘上，这样浇水的时候泥土和水就只会在鸡蛋托盘上了。

4. 用鸡蛋壳种好的小植物可以放在鸡蛋托盘中栽种，也可以用绳子编成套结挂起来（如上图），成为一个美丽的装饰。

七、活动评价

活动结束后，主要从以下几个方面来综合评估实践效果：

（一）拍照展示制作鸡蛋壳小盆景的过程，制作成 PPT 的形式提交，总结做好鸡蛋壳小盆景的方法。

（二）向同学们展示、分享自己制作的鸡蛋壳盆景。

八、注意事项

（一）使用剪刀和锥子的时候要小心操作，不要弄伤自己。

（二）在制作盆景的过程中产生的垃圾不要乱扔，集中处理。

九、过程记录

活动目标	（一）通过用收集的鸡蛋壳做成小盆景，培养动手动脑的能力以及创新能力，形成变废为宝的意识。 （二）通过鸡蛋壳盆景的制作过程，发现生活、热爱生活，领悟每样东西都有存在的价值。
过程记录	

2. 厨余垃圾处理——自制肥料

一、活动背景

  厨房是家庭生活中不可或缺的部分，很多美味的食物在厨房中产生，但是伴随而来的也有很多不同垃圾的产生，我们通常所做的就是将这些垃圾打包，丢到小区或居住地垃圾集中的区域，现在不但垃圾分类已在很多地方实施了，而且我们自己也能将一些厨余垃圾进行简单的处理，将其再次利用，减少厨余垃圾的产生量。如何对这些垃圾在家庭层面上进行力所能及的回收再利用呢？可以利用这些厨余垃圾制作肥料，这样的肥料栽种的蔬菜、水果口感更好。下面让我们看一下具体怎么操作的吧！

利用厨余垃圾自制肥料　摄影：刘婷婷

二、活动目标

（一）通过查阅相关资料了解厨余垃圾制作肥料的原理和过程。

（二）认识到分解者在其中的作用，实现知识与实践的联系。

（三）切实体会废物的回收利用、变废为宝，践行保护环境的生活方式。

三、活动内容

（一）相关知识查阅：了解厨余垃圾的分类和一般的处理方式。

（二）制作实践：利用厨余垃圾制作肥料。

四、活动地点

室内通风处。

五、人数分组

每1—4人一组。

六、VIPP实践活动步骤

（一）查找资料，了解厨余垃圾的初步分类

厨余垃圾包括蔬菜、水果废弃物，蛋壳、骨头、吃剩下的饭菜等，在丢弃厨余垃圾的时候先进行初步分类，不要将所有的都扔到一起，将蔬菜、水果废弃物、茶渣等植物的厨余垃圾收集在一起，其余厨余垃圾收集在一起。收集的蔬菜、水果废弃物，茶渣等植物的厨余垃圾可以用来制作肥料，再次利用。

（二）准备好所需材料、用具：大饮料瓶（或带盖子的塑料桶）、厨余垃圾、水、剪刀。

3.厨余垃圾自制肥料过程

（1）把大饮料瓶从自上到下的五分之二处剪开，把厨余垃圾放进大饮料瓶的下半部分（或塑料桶中），塞紧，加水淹没，把上面部分盖上。

（2）放置大约一个月，瓶中液体变成褐色就可以使用了，液体是液肥，可以直接使用，也可以兑水使用，发酵剩下的残渣可以埋在土里，提高土壤肥力。

据统计，通过分类、回收和沤肥、堆肥等，一个家庭每年可以减少100—1000千克的垃圾，厨余垃圾的有效处理可以有效减少社会垃圾的总产生量。让我们从家庭开始，从个人开始，减少垃圾的产生，切实进行垃圾分类，尽量实现垃圾的再次利用。

七、活动评估

活动结束后，主要从以下几个方面来综合评估实践效果：

1.对厨余垃圾制作肥料原理的了解。

2.拍照记录厨余垃圾制作肥料的过程，将以上内容制作成PPT与同学们进行交流和分享。

八、注意事项

收集的蔬菜、水果废弃物，茶渣等植物的厨余垃圾不要沾到油，否则发酵过程中会产生较大的异味。

九、过程记录

活动目标	1. 通过查阅相关资料了解厨余垃圾制作肥料的原理和过程。 2. 认识到分解者在其中的作用，实现知识与实践的联系。 3. 切实体会废物的回收利用、变废为宝，践行保护环境的生活方式。
过程记录	

3. 有害垃圾处理——废旧电池再利用

一、活动背景

随着科技的发展，多种多样的电子产品出现在千家万户，尤其是一些随身携带的电子产品，使电池的使用量增加，电池的出现方便了人们的生活，但废旧电池的回收利用却是一直被呼吁的话题。我们生活中常见的电池种类繁多，每种电池由不同材料制成，也有着截然不同的用途。废旧电池内含大量的有害物，如果处理不当，随意丢弃或回收不当都会在一定程度上破坏生态环境，最终损害人类身体健康。因此对废旧电池要进行收集利用，最大限度地将电池进行无害化处理，从而防止其进入生态系统危害生态环境。同学们通过学习如何对废旧电池进行回收利用，一方面能了解有关电池回收的知识，另一方面也能提高对生态环境的保护意识。

废旧电池 摄影：李朝丽

二、活动目标

（一）结合所学知识了解电池组成原料及基本构件，通过对废旧电池的回收利用方式的了解，对废旧电池做出恰当分类，以便于回收。

（二）通过废旧电池利用，认识科技发展与生态文明和谐的重要性，增强对绿色科技的认识。

三、活动内容

（一）相关知识查阅：查阅资料，学会认识不同种类的废旧电池，了解废旧电池的不同回收方式。

2. 日常生活中正确处理废旧电池。

四、活动地点

家庭或社区。

五、人数分组

每1—4人一组。

六、VIPP 实践活动步骤

（一）查找资料，认识不同种类的废旧电池

电池主要分为一次电池和二次电池，具体说明如下表所示：

种类	具体分类	使用设备
一次电池	锌锰电池、氧化汞电池	遥控器、电子玩具、时钟等
二次电池	湿式蓄电池（铅酸蓄电池）	备用电源、手机、电动车等
	可充电干电池（锂电池、镍氢电池、镍镉电池）	

废旧氧化汞电池属于危险废物，废旧铅酸蓄电池和镍镉电池含有大量重金属，如铅和镉等，也属于危险废物，都需要妥善处理。

（二）了解废旧电池的不同回收方式

现行国际上通用的处理废旧电池的方式一共有三种，三种方式各具特点：

方式	特点
固化深埋	成本较高，废物利用率低
存放于废弃矿井	
回收利用	环保，废物利用率高

相比于前两种方式，回收利用具有不可比拟的优势，为了高效绿色地将废旧电池处理妥当，回收利用主要采取以下三种方式进行：

处理方式	处理过程
热处理	磨碎电池→炉内加热→汞、锌蒸发
"湿"处理	硫酸溶解电池→利用离子树脂提取相关金属
真空热处理	真空加热电池→汞蒸发→磨碎剩余原料→提取相关金属

（三）日常生活中如何处理废旧电池

随着电池技术的发展，日常生活中出现的普通一次性干电池多为无汞电池，可作一般垃圾处理。而废旧的二次电池多属于危险废物，切忌随意乱扔，需专门回收。具体的家庭做法如下：

1. 不随意丢弃废旧电池。无论废旧电池属于危险废物还是一般废物，都应该将其做好分类，扔进对应的垃圾箱。

2. 减少废旧电池的产生。秉持绿色循环利用的理念，提高电池利用率。如电子玩具中的电池多为大电量电池，废弃后有残存的电量，这样的电池就可以继续使用于耗电小的电子产品中。

3. 积极参与废旧电池回收利用。废旧的电池虽小，但处理不当会给环境带来巨大的破坏。从自身做起，争做环境保护小卫士。

七、活动评估

活动结束后，主要从以下几个方面来综合评估实践效果：

（一）制作 PPT 展示电池组成原料、基本构件、种类，废旧电池的回收利用方式。

（二）通过废旧电池的回收利用，提升了对绿色科技的认识，能阐述科技发展与生态文明和谐的重要性。

八、注意事项

（一）学生在收集电池后切忌将其放置于高温环境中，以免电池爆炸，出现危险。

（二）将收集所得的电池按照类别合理归置，如遇漏液的废旧电池将其用袋子或盒子装好，切勿乱扔乱丢。

九、过程记录

活动目标	（一）结合所学知识了解电池组成原料及基本构件，通过对废旧电池的回收利用方式的了解，对废旧电池做出恰当分类以便于回收。 （二）通过废旧电池的回收利用，认识科技发展与生态文明和谐的重要性，增强对绿色科技的认识。
过程记录	

4. 垃圾分类巧心思——mini 分类垃圾桶

一、活动背景

垃圾分类从相关政策的研究、推行到实施，都在有条不紊地进行，很多城市被列为试点，其中上海是最早开始垃圾分类的城市之一，其间虽然有部分人认为有些麻烦，不知道具体该怎么分，但在学习相关知识后也认可了垃圾分类的必要性，也积极地将自己产生的垃圾进行分类。垃圾主要分为可回收垃圾、厨余垃圾、有害垃圾和其他垃圾，我们在街上可以很好地将不同种类的垃圾丢进相应的垃圾箱，但是在家这个有限的空间里，如何将产生的垃圾进行很好的分类呢？除了多买几个垃圾桶外还有其他方法吗？垃圾分类，从我们每个人做起，除了了解垃圾分别属于哪个类别以外，还要在家先进行有效分类后再丢到所在小区或居住地垃圾集中处理的地方，让我们一起来利用废旧材料做一个 mini 版的分类垃圾桶吧。

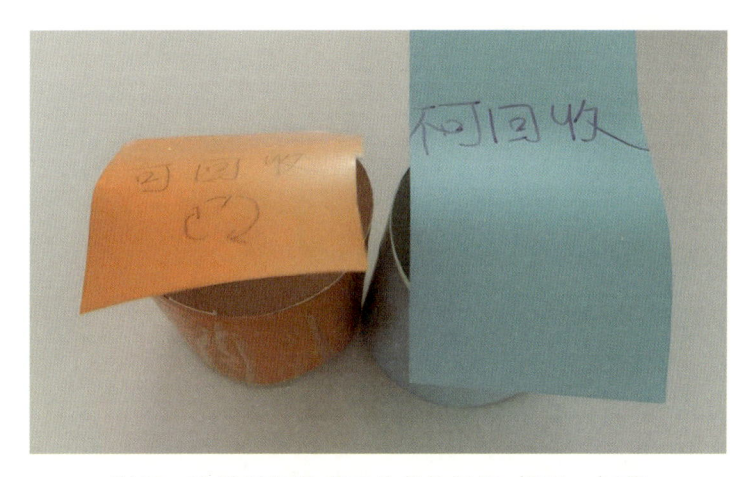

利用一次性纸杯做桌面分类垃圾桶　摄影：何蒙

二、活动目标

（一）通过了解垃圾分类的知识，具备垃圾分类的一定能力。

（二）通过对垃圾分类小妙招的了解，认识如何在有限空间里利用一些材料制作可以进行垃圾分类的垃圾桶，提升环保意识。

（三）通过 mini 家用分类垃圾桶的制作，提高动手能力。

三、活动内容

（一）相关知识查阅：垃圾分类知识的常识认知。

（二）制作实践：mini 分类垃圾桶的制作。

四、活动地点

室内室外均可。

五、人数分组

每 1—4 人一组。

六、VIPP 实践活动步骤

（一）查找资料，了解垃圾分类的常识

以"垃圾分类"为关键词在知网等期刊网进行检索，了解国内外对于垃圾分类的认识和处理方式。

如果有条件的话可以提前和相关部门进行沟通和联系，结伴而行到垃圾处理的部门进行实地访谈，了解垃圾分类目前在所在地的实施现状以及处理过程中所面临的问题，最后可以整理国内外的现状以及当地处理过程中所面临的实际情况，提出自己的一些建议。

（二）准备好所需材料、用具：两个圆柱形的薯片筒、空纸箱、两张颜色不同的卡纸、尺子、剪刀、刀子、直尺、双面胶或胶水、笔。

（三）mini 桌面分类垃圾桶的制作过程

1. 利用准备的彩纸剪成能把薯片盒包装起来的大小，用笔在纸上写上可回收和其他垃圾等字样，然后用胶水将彩纸黏在薯片盒上。

2. 也可以用一次性的纸杯的杯口扣在纸上画一个圆形，用剪刀将其剪下。

3. 把剪下的圆形放在一次性纸杯上，用透明胶布黏上，这样垃圾桶就有了盖子，再剪一个长方形，弯出弓形贴在盖子上作为盖子的把手，最后贴上分类的标签，这样桌面分类垃圾桶就制作完成了。

其实做桌面垃圾桶的材料多种多样，可以用喝完的饮料瓶、牛奶包装盒等。

七、活动评估

活动结束后，主要从以下几个方面来综合评估实践效果：

（一）PPT 展示垃圾分类的常识。

（二）实物展示：将自制的分类垃圾桶进行展示。

八、注意事项

（一）使用剪刀时注意安全。

（二）制作过程产生的垃圾不要乱扔。

九、过程记录

活动目标	（一）通过了解垃圾分类的知识，具备垃圾分类的一定能力。 （二）通过对垃圾分类小妙招的了解，认识如何在有限空间里利用一些材料制作可以进行垃圾分类的垃圾桶，提升环保意识。 （三）通过 mini 家用分类垃圾桶的制作，提高动手能力。
过程记录	

5. 减塑践于行——环保袋的制作

一、活动背景

在日常生活中，我们总是在不少地方发现废弃的塑料制品，最为普遍的便是我们在平时购物使用的塑料袋、食物打包用的塑料餐盒，而这些塑料制品对生态环境带来了"白色污染"。2021年1月与生态环境部出台了《关于进一步加强塑料污染治理的意见》，当前国家已全面启动了相关立法行动，具体实施的工作重点将涉及依法强制停止塑料制品使用和依法全面从严控制目前在我国境内部分塑料制品公司未经许可开展的大规模塑料制品制造等，以争取做到在2022年底之前使一些企业通过自身持续创新、自主开发成功研制生产的新型安全一次性塑料制品替代品替代塑料袋并逐步进行大规模普及和推广，2025年底以后将基本实现淘汰全国范围邮政或速递服务的代收机构网点使用的无法直接降解的各种塑料包装袋、塑料胶带、一般塑料编织袋等。为了响应我国"减塑行动"的号召，我们从自制环保购物袋入手，从自己身边力所能及的事做起，履行保护生态文明的责任。

生活中随处可见的塑料垃圾 摄影：刘婷婷

二、活动目标

（一）关注家庭日常生活中白色垃圾的产生源头，调查了解塑料制品对生态环境带来的危害。

（二）思考并提出可行的减少使用一次性塑料制品的方法，并向他人宣传。

（三）参与环保袋的制作，以实际行动减少"白色污染"，加强环保意识，养成环保生活的习惯，培养社会责任感。

三、活动内容

（一）相关知识查阅：调查并了解日常生活中白色垃圾的产生源头，了解塑料制品对生态环境的危害。

（二）制作实践：学习环保袋的制作方法，尝试动手制作环保袋。

四、活动地点

室内。

五、人数分组

每 1—4 人一组

六、VIPP 实践活动步骤

（一）查找资料，了解日常生活中白色垃圾产生的源头及塑料制品对生态环境的危害。

（二）准备好所需材料、用具：旧鞋带或旧绳子（丝巾也可）、固体胶条（胶水也可）、牛皮纸（硬纸壳也可）、剪刀以及钢锥或小型的打孔机。

（三）环保袋制作过程：

1. 将一长方形牛皮纸对折，在每一端中间用铅笔画线，留下一道宽 2 厘米厚的边，以便于粘贴。

2. 把第一步留下的边沿着画的线折叠，并用胶水粘贴在另一端边缘上。把黏好的纸折成方盒形状，上下各留着开口。沿着纸盒的两边向内折叠（两边向内对折即可），把袋口的一端压一下，将底部用胶水粘贴住。

3. 开口处两边各用打孔机打两个孔，穿上绳子或捆好丝巾（注意两孔间距）。

4. 最后可以在袋子的两面印上自己喜欢的图案或者绘制自己喜欢的图画。

七、活动评估

活动结束后，主要从以下几个方面来综合评估实践效果：

（一）PPT 展示日常生活中白色垃圾的产生源头，以及塑料制品对生态环境的危害。

（二）将自己制作的环保袋向同学们展示并分享经验。

八、注意事项

使用剪刀时注意安全。

九、过程记录

活动目标	（一）关注家庭日常生活中白色垃圾的产生源头，调查了解塑料制品对生态环境带来的危害。 （二）思考并提出可行的减少使用一次性塑料制品的方法，并向他人宣传。 （三）参与环保袋的制作，以实际行动减少"白色污染"，加强环保意识，养成环保生活的习惯，培养社会责任感
过程记录	

资源利用

1. 一滴清水，一片青山

一、活动背景

水资源是人们生产生活所需的重要资源，近年来由于我们国家的人口数量大量增加，工农业发展迅速，整个社会对淡水资源的需求量激增，同时社会经济发展过程中造成的水体污染，都导致我们在水资源利用方面出现危机。作为新时代的中学生，我们应该怎么做呢？

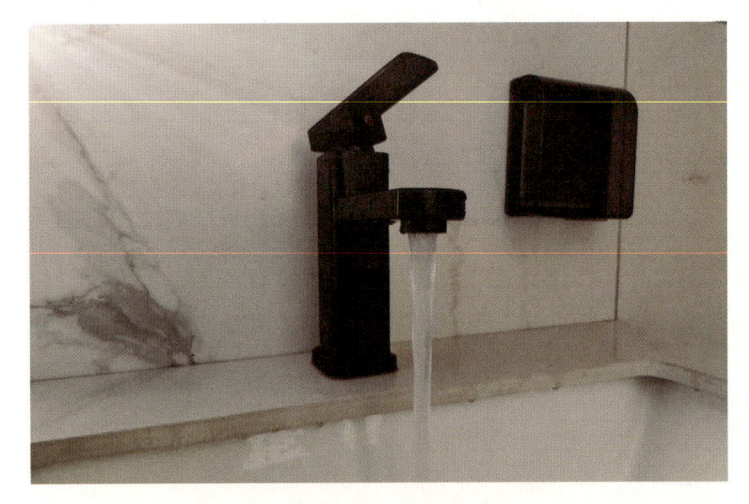

生活中节约用水 摄影：黄河林

二、活动目标

（一）了解水资源的现状，培养节约用水的意识。

（二）参与到节约用水的活动中，养成节约用水的良好习惯，增强社会责任感。

三、活动内容

（一）相关知识查阅：查阅资料，了解全球水资源的近况。整理归纳节约用水小妙招，设计节约用水的方案。

（二）尝试在生活中践行节约用水的理念，切实节约使用水资源。

四、活动地点

家庭内部。

五、人数分组

个人单独完成。

六、VIPP 实践活动步骤

（一）本活动分三个阶段：

第一阶段：在家庭生活中调查哪些地方需要用水，记录是否有浪费的情况。

第二阶段：根据调查情况设计节约用水的方案，并将所设计的方案应用到实际生活中。

第三阶段：开展为期两个月的节水实践活动，与家庭前两个月用水量比较，看该方案是否在节约用水方面起到实效。

（二）活动过程

第一阶段：在家庭生活中做到节约用水，从身边日常生活小事做起

日常生活	是否存在浪费水资源现象
洗漱	
洗脚	
洗衣服	
洗澡	
做饭	
拖地	
冲刷便盆	

第二阶段：收集节水办法，整理节水方案，并把它们应用在生活中。具体方案示例如下：

1. 洗衣服、洗手等使用过的水，可以用来冲刷便盆或者拖地，平时可以放一个盆或者桶在旁边，用来收集这类水。

2. 生活中洗菜、淘米用水也不少，这些洗菜水、淘米水可以收集起来，用来浇花或为蔬菜浇水，这样做一来可以节约用水，二来淘米洗菜的水当中有很多花草蔬果需要的营养成分，可谓是一举两得。

3. 可以采用节水龙头、节水马桶等。

4. 家里洗衣机洗衣服时尽量选用低水位等。

第三阶段：开展为期两个月的节水实践活动，与家庭前两个月用水量比较，看该方案是否能够对节约用水起到实效。通过活动，讨论并总结节水方法。

七、活动评估

活动结束后，主要从以下几个方面来综合评估实践效果：

（一）查阅的资料翔实，能够反映出当前全球水资源的现状。

（二）整理归纳节约用水小妙招，设计出节约用水的可行性方案。

（三）能在生活中践行节约用水的理念，切实节约水资源。

八、注意事项

尽可能在生活中各方面做到节约用水。

九、过程记录

活动目标	（一）了解水资源的现状，培养节约用水的意识。 （二）参与到节约用水的活动中，养成节约用水的良好习惯，增强社会责任感。
过程记录	

2. 节能 N 次方，生活更健康

一、活动背景

节能减排是中国的一项基本国策，但当前我们国家仍有一半以上人的生活和企业生产所用电能是火力发电，火力发电因为技术等因素，在发电过程中煤炭使用率并非很高，这也导致了巨大的燃料耗费。我们国家正在构建节约型社会，整个社会都在倡导节俭节约，节约用电，人人有责。身为新时期的高中生，我们应当如何做到节约用电呢？

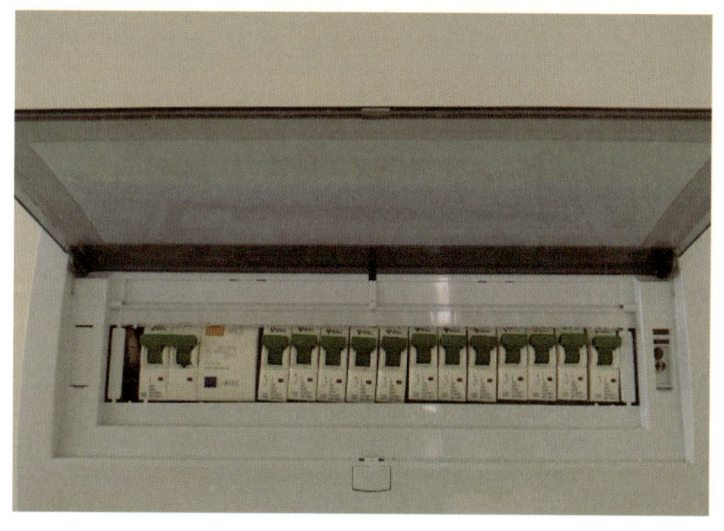

家中各种电器的分闸 摄影：黄河林

二、活动目标

（一）通过查阅节约用电的相关知识，认识到节约用电、节约能源的重要性，培养节约的意识。

（二）联系日常生活，践行节约用电措施，培养节约用电的自觉性与良好习惯。

三、活动内容

（一）相关知识查阅：查阅资料了解节约用电的方法。

（二）家庭生活中尝试用实际行动来践行节约用电。

四、活动地点

室内室外均可。

五、人数分组

每 1—4 人一组。

六、VIPP 实践活动步骤

（一）本活动分三个阶段：

第一阶段：调查家庭用电的电器种类、用电量，明确是否有浪费现象。

第二阶段：设计节约用电的方案，并尝试把它们应用在家庭生活中。

第三阶段：开展两个月的家庭节电实践，与未开展活动前两个月的用电量做比较，看一下所行方案是否能够对节约用电起到实效。

（二）活动过程

第一阶段：调查家中的电器种类、计算其用电量，比较得出是否有浪费现象。

电器种类	有无浪费现象	如何节电
电灯		
电视		
电脑		
电饭煲		

电器种类	有无浪费现象	如何节电
烤箱		
抽油烟机		
电磁炉		
冰箱		
洗衣机		
饮水机		
手机		
浴霸		
电扇（空调）		
……		

第二阶段：整理讨论，研究节约用电的方案，并尝试将这些方案应用在家庭生活中。

小组讨论、结合网络资源，收集节电方法，共同制定节约用电的具体方案，示例如下：

1.插座与插头之间必须对接良好才能更好地节约用电，接触不良会增大阻力，从而造成插座插头过热，这样不但会增大功耗，而且时间一久，还可能会对家用电器产生危害。

2.电视机不看也开着会导致电力浪费，我们应该在不看电视节目时关闭电源。在观看电视节目时，我们也可通过调节显示器亮度和适当调节声音，使音量适当小，亮度稍低一些，以节省耗电量，同时也不影响观看体验。

3.电水壶的水垢需要及时处理，可以先用食醋处理一段时间后再洗净，把水垢完全去掉有助于改善加热效果，以达到节约用电的目的。

4.采用中央空调采暖的房间要密闭，满足室温条件后及时关闭电源，空调环境温度适宜时即可。但由于中央空调在开启时需要启动压缩机，且启动电压较额定电流大出四倍以上，所以尽量减少启动次数。

5.电风扇扇叶的速度越高，其能耗也越高，在符合人们实际使用条件的前提下，尽量采用中档和慢档。

  6. 家用的灯具选用节能灯，不使用时注意要随手关灯。

  7. 电冰箱功耗也不小，但人们仍可按照季节的差异、物品的多少来选用适当的挡位，在不影响使用的前提下，尽可能选用低一些的挡位。

  8. 用电饭锅煮饭前将大米浸透，可以节约用电。电饭煲的内锅与电热盘之间如果有杂质要清理掉，这样可以更好发挥电热盘的热传导性，节约用电。

  9. 洗衣服时如果是夏天尽量不要用烘干机，直接晾晒即可。

  10. 使用电磁炉，合适的锅具可以提高加热效率，在电磁炉的散热风扇出风口处注意要保持良好的通风。

  11. 从生活中的点点滴滴做起，既要节约用电，也要注意用电安全。人不在家时，把家用电器电源关掉，保证安全。

  第三阶段：开展两个月的家庭节电实践，与未开展活动前两个月做比较，看一下所行方案是否能够对节约用电产生实效。通过活动，讨论并总结节约用电的方法。

七、活动评估

活动结束后，主要从以下几个方面来综合评估实践效果：

（一）制作 PPT 展示日常生活中节约用电的方法。

（二）制订节约用电的方案，在家庭生活中实际运用。

八、注意事项

（一）使用不同种类的家用电器时，注意用电安全。

（二）使用电器时，如有疑问可以参考说明书，或请教家中长辈。

九、过程记录

活动目标	（一）通过查阅节约用电的相关知识，认识到节约用电、节约能源的重要性，培养节约的意识。 （二）联系日常生活，践行节约用电措施，培养节约用电的自觉性与良好习惯。
过程记录	

3. 安全要牢记，能源天然气

一、活动背景

随着管道天然气的逐步普及，很多家庭都用上了天然气。我们使用的天然气储存在地下，是一类烃类和非烃类气体的混合物，它的使用相对来说较安全，主要是它不含 CO，比空气要轻许多，如果从管道中漏出，它会在空气中往上扩散，这可以避免产生爆炸，而且天然气是一种绿色能源。我们在家应该如何正确地使用天然气呢？需要注意哪些事项呢？

天然气的使用 摄影：黄河林

二、活动目标

（一）认识天然气，了解天然气可以作为清洁能源的原因。

（二）学习如何使用天然气，锻炼生活技能。

（三）宣传天然气的正确使用方法。

三、活动内容

（一）相关知识查阅：查阅资料，了解有关清洁能源的知识，了解天然气可以作为清洁能源的原因。

（二）尝试将所学内容运用到实际生活当中，规范、安全使用天然气。向家人、朋友、邻居等宣传如何规范使用天然气。

四、活动地点

室内。

五、人数分组

每1—4人一组。

六、VIPP 实践活动步骤

（一）查找资料，了解天然气的相关知识

天然气蕴藏在地下多孔隙的岩层里，包含的主要成分是甲烷和少量乙烷、丙烷、氮和丁烷。在生产生活中可以作为燃料，也用于制造很多化学工业用品。具有以下特点：

1. 绿色环保

天然气可以作为一种环保能源，因为它的成分几乎不含硫，也没有粉尘及其他有害物质，燃烧时产生的 CO_2 比较少。所以说使用天然气可以减少 SO_2 排放，减少空气中的粉尘量，减少 CO_2、NO、NO_2 排放，这些很多是酸性气体，减少酸性气体排放就可以有效减少酸雨形成，对全球温室效应也可以有一定的减缓作用。

2. 经济实惠

天然气清洁干净，相对于煤气，天然气的使用可以延长灶具的使用年限，也可以减少维修次数，从而降低成本。

3. 安全可靠

天然气没有毒性，在空气中容易散发，且轻与空气，不容易产生爆炸，因而安全性较高。

（二）查阅资料，回答下面的问题

1. 什么是清洁能源？天然气可以作为清洁能源是因为什么？

2. 使用天然气应该注意哪些安全问题？

3. 如何正确使用天然气？怎么操作？

（三）具体操作

家用天然气主要有两方面用途：燃气热水器和燃气灶。

1. 燃气灶的使用

（1）燃气灶的使用需通过旋转按钮进行点火，在点火过程中要利索一些，如果一次没打着火，需恢复到原来的位置再重新试一试，避免造成天然气外漏；

（2）使用燃气灶要注意保持通风，避免造成一些安全事故；

（3）燃气灶长时间不用注意关闭燃气表阀门；

（4）注意对燃气表阀门的维修和保养，一旦发现松动或者管道漏气，一定要及时找人维修；

（5）燃气灶的说明书上标有燃气灶使用年限，注意及时更换。

2.燃气热水器的使用

（1）燃气热水器通过按钮调节相关参数，等待片刻便可以接出热水；

（2）注意燃气管道连接是否良好，要注意热水器附近要不能封闭；

（3）如果使用过程中出现刺激性气味应立即停止使用，关闭燃气表阀门，开窗通风，联系燃气公司人员进行维修。

七、活动评估

活动结束后，主要从以下几个方面来综合评估实践效果：

（一）制作PPT展示什么是清洁能源，为什么天然气可作为清洁能源，家庭中正确使用天然气的方法。

（二）能向家人、朋友、邻居等宣传天然气的正确使用方法。

八、注意事项

（一）在天然气使用过程中注意打开窗户进行通风。

（二）使用天然气时注意用气用火安全。

九、过程记录

活动目标	（一）认识天然气，了解天然气可以作为清洁能源的原因。 （二）学习如何使用天然气，锻炼生活技能。 （三）宣传天然气的正确使用方法。

过程记录	

环境污染

1. 噪声制造者,你知我也知

一、活动背景

物体的振动产生了声音,借以波的形式,声音得以在一定的介质中传播开来,而噪声的实质是由物体做无规则振动发出的一类声音。普遍概念上,噪声污染是指人为制造的,对人及周围环境造成不良影响的声音。随着工业化和城镇化进程的不断推进,各种机械设备带给人类繁荣与进步,但也产生了多种多样且越来越强的噪声。噪声污染给人们的生活和工作带来了干扰,严重时,不仅会损伤人类听力,还会带来一系列致癌致命的疾病。本次活动旨在让学生体验噪声分贝器的使用,了解更多有关噪声污染的知识,如噪声的来源、种类、危害和防治,以期培养同学们有意识地营造安静、平和的学习和生活氛围,远离噪声污染,不制造噪声。

二、活动目标

（一）了解主要的噪声来源和种类，正确区分不同种类的噪声，以提高对噪声污染的认识。

（二）模拟不同种类的噪声，按照不同种类噪声的分类标准，利用噪声测试仪测试不同噪声，了解噪声对人类和环境的危害性，认识人与人、人与社会之间的相互联系，提升营造和保护安静环境的意识。

（三）了解不同的噪声污染防治方式，由大到小，从宏观防治层面落实到自身层面，从自己做起，拒绝"看不见的污染"。

三、活动内容

（一）相关知识查阅：查阅噪声形成的缘由、噪声的不同种类和防治方式，了解噪声污染现状，深刻认识噪声防治的重要性。

（二）模拟不同噪声，利用分贝仪来感受不同声音达到噪声级别的分贝，深刻感受不同噪声对人体生理及心理带来的不良影响，从而提高噪声防治意识。

四、活动地点

室内、室外均可。

五、人数分组

每 1—4 人一组。

六、VIPP 实践活动步骤

（一）查找资料，认识噪声的不同来源与种类

噪声的来源广泛，具有多种表现形式，所呈现的特点也有所不同，常见的噪声来源、分类及相关特点如下表所示：

种类	主要来源	特点
交通噪声	机动车辆、船舶、地铁、火车、飞机等	普遍程度高，城市的主要噪声源
工业噪声	工厂设备	声级较高
建筑噪声	建筑机械，如推土机、挖掘机、打桩机等	强度较大，多发于人口密集地区
社会噪声	社会活动、家用电器、音响设备等	声级较低，但易于引起邻里纠纷

上述噪声的种类在我们的日常生活中较为常见，但噪声的种类远不止于此，只要是对人或周围环境造成不良影响的声音，我们都可以把它称作噪声。

（二）按照分贝标准，模拟不同分贝声音，逐渐提高分贝，感受不同分贝等级的声音。

噪声等级	类似声音
10~20 分贝	树叶掉落
20~40 分贝	轻声说话
40~60 分贝	室内谈话
60~70 分贝	业务办公室声音
70~90 分贝	繁忙大街声音
90~100 分贝	气压钻机声音
100~120 分贝	陶瓷切割机声音

声音在 30 分贝左右时，一般不会影响人们的正常生活和休息，高于 50 分贝时，会对人们的生理和心理产生较大影响，而达到 80 及以上分贝就被归类为噪声。噪声对人类的危害包括但不限于以下方面：长期暴露在噪声环境中会使人听觉疲劳，引起耳鸣、耳痛和听力损伤，导致听力下降，

还会使大脑皮层的兴奋和抑制失调，出现头晕头痛、心慌、失眠、记忆力减退、注意力不集中等，损害人的中枢神经系统。

（三）准备好所需用具：分贝仪。

（四）了解噪声污染的家庭处理方式，示例如下：

1.室内装修采用降音隔噪材料，该类材料多为立体多孔结构，能有效隔离甚至消除噪声。

2.购买质量好、噪声小的家用电器，尽量避免在卧室内放置大型家用电器，避免多种家电同时使用，及时排除故障电器，消除噪声来源。

3.严格控制家用电器和其他发声器具的音量和使用时间，使用立体音响时，务必将音量控制在 70 分贝以下，避免噪声污染等。

七、活动评估

活动结束后，主要从以下几个方面来综合评估实践效果：

（一）制作 PPT 展示不同种类的噪声污染及其污染源、不同噪声的等级分类、噪声对人生理和心理的伤害。

（二）能阐述并实践不同噪声的污染防治方式。

八、注意事项

（一）模拟不同噪声时，尽量选择家中人少时进行，以免影响他人休息。

（二）体验不同噪声时，点到为止，切忌长时间暴露在噪声环境中，以免对自身带来不良影响。

九、过程记录

活动目标	（一）了解主要的噪声来源和种类，正确区分不同种类的噪声，以提高对噪声污染的认识。 （二）模拟不同种类的噪声，按照不同种类噪声的分类标准，利用噪声测试仪测试不同噪声，了解噪声对人类和环境的危害性，认识人与人、人与社会之间的相互联系，提升营造和保护安静环境的意识。 （三）了解不同的噪声污染防治方式，由大到小，从宏观防治层面落实到自身层面，从自己做起，拒绝"看不见的污染"。
过程记录	

2. 城市光污染，环保我先行

一、活动背景

随着科技的发展和城镇化进程的加快，我们的生活环境被各种各样的灯光装饰着，抬头寻不到星光，低头看不见萤火，五颜六色的灯火让我们的城市流光溢彩。黑夜变白昼，星光变灯火，我们被光亮笼罩着，但却浑然不知它带来的危害。和声音一样，光也会给人类及其周围的环境带来不良影响，我们常见的白色强光、玻璃反光和彩色灯光等也会被定义为环污染，而这类污染我们称之为光污染。对光污染的深入了解，能够让同学们意识到潜藏在身边的环境问题，提高认识，做好防治。

城市光污染　摄影：李朝丽

二、活动目标

（一）通过该活动能够认识和了解光污染的有关知识：分类、污染源与危害。

（二）能够运用已知的光污染有关知识，自主制订计划，调查城市光污染情况，并提出有关防治建议。

三、活动内容

（一）相关知识查阅：查阅光污染的有关知识，了解光污染的分类、污染源和危害，提高光污染防治意识。

（二）调查实践：动手制定城市光污染调查计划，了解日常生活中出现的光污染现状，充分利用所调查的资料和结果，对光污染防治提出自己的建议，撰写调查报告。

四、活动地点

社区、街道。

五、人数分组

每1—4人一组。

六、VIPP 实践活动步骤

（一）查找资料，了解光污染相关知识

1. 光污染分为人造光和自然光，具体分类有白亮污染、人工白昼和彩光污染。

2. 光污染的污染源种类多样。白亮污染来源于城市建筑的大块玻璃幕墙、光面大理石等反射的强烈日光；人工白昼的污染源则来自各个种类的人造光，如广告灯和霓虹灯，这些光束亮度刺眼，遍布广泛，是城市光污染的主要污染源；彩光污染是指嘈杂狭小空间内（如练歌房和酒吧）安装的黑光灯、荧光灯和旋转灯等彩色光源。

3. 光污染不仅危害人类健康，还带来一系列生态问题。人长时间曝光于光污染之下会视力受损，产生生理不适与负面情绪如头痛、焦虑等，严重时会诱发癌症。光污染带来的生态问题常常威胁到动植物的自然生活规律，扰乱其生物钟及生长周期，长此以往，整个生态环境将遭到破坏。

（二）实地调查

1. 制作光污染调查问卷。利用已搜集到的信息，制作一份调查问卷。

2. 实地采访。实地探访街道行人、司机、环卫工人等，了解他们对光污染的看法，并用照片或视频的形式进行记录。

（三）总结整理

整理从网上获取的有关信息，综合实地调研的内容，研究和讨论调查结果，并提出光污染防治相关意见。

七、活动评估

活动结束后，主要从以下几个方面来综合评估实践效果：

（一）制作 PPT 展示光污染调查报告。

（二）积极向家人、朋友、同学等宣传防治光污染的重要作用和措施。

八、注意事项

（一）学生外出进行实地调查采访他人时要秉持客观态度，不要诱导回答，不要发生争论。

（二）不要与组内成员走散，不要单独行动，要有商量地按照计划去做。

九、过程记录

活动目标	（一）通过该活动能够认识和了解光污染的有关知识：分类、污染源与危害。 （二）能够运用已知的光污染有关知识，自主制订计划，调查城市光污染情况，并提出有关防治建议。
过程记录	

3. 农药残留去除，果蔬食用更放心

一、活动背景

在蔬菜和水果的种植过程中，有时会存在化学农药的不合理超剂量施用，这样就导致我们买到的蔬菜水果中有大量农药的残留，近年来因为农药的残留超标导致的中毒事件时有发生，农药残留也给人们的健康带来很多危害。怎么才能吃到放心菜？在我们的家庭生活中，怎么做才能更好地去除残留在蔬果中的农药呢？让我们来一起动手试一试吧！

施加农药达到驱虫效果的番茄 摄影：黄河林

二、活动目标

（一）结合高中生物所学害虫防治的相关内容，分析化学防治不当引起农残较高的问题，实现理论与生活相联系。

（二）了解生活中一些去除农残的方法，提升绿色健康生活的意识。

三、活动内容

（一）相关知识查阅：查阅资料了解害虫防治的方式，了解如何去除果蔬中农药残留的方法。

（二）在家庭生活中动手实践，去除蔬菜瓜果中的农药残留。

四、活动地点

室内。

五、人数分组

每1—4人一组。

六、VIPP实践活动步骤

（一）准备好所需材料、用具：多种水果、蔬菜、食盐、清水、小苏打、水果刀、洗菜盆、热水壶。

（二）体验一下去除果蔬农药残留的方法

1. 有些蔬菜的叶子有褶皱，比如卷心菜、青菜、西蓝花等，如果要彻底洗干净，可以将这些蔬菜放在清水中浸泡一段时间，浸泡过程中可以加些许食盐，其作用是使农药更快地释放出来。初次浸泡后将水倒掉，再用清水冲洗浸泡第二遍，最后再冲洗一遍即可用于烹调食用。

2. 表皮较厚，需要去皮食用的蔬菜，可以先用清水冲洗，再用刀削去皮，这里需注意，去皮后再清洗一下最好。

3. 小苏打对于农药残留也有很好的清除作用，去除过程跟第一步中的操作基本一致，小苏打加入清水后充分溶解，将蔬菜放至其中浸泡一段时间后捞出清洗食用。

4. 某些杀虫剂比如说氨基甲酸甲酯类，会随着温度的上升而加快分解，对于部分通过其他方法很难处理的蔬果，比如说菠菜、小白菜、菜花、豆角等，可以通过加热去除农药残留。具体做法是先用清水洗净表面，放入沸水中 2 分钟左右捞出，再用清水清洗一遍。

5. 研究发现农药会随着时间延长，慢慢被分解为对人体无害的物质。所以对于一些可以保存的蔬菜水果可以先存放一段时间，使得农药残留减少，比如说香梨、猕猴桃、冬瓜等不易腐烂的品种，一般存放 10 天以上为宜。

七、活动评估

活动结束后，主要从以下几个方面来综合评估实践效果：

（一）制作 PPT 展示害虫防治的方法、农药的相关知识、去除果蔬残留农药的方法。

（二）在家中实践，去除果蔬农药残留。

八、注意事项

（一）使用刀具时注意安全。

（二）可以保存的果蔬注意存放时间过长会影响果蔬的品质和口味。

九、过程记录

活动目标	（一）结合高中生物所学害虫防治的相关内容，分析化学防治不当引起农残较高的问题，实现理论与生活相联系。 （二）了解生活中一些去除农残的方法，提升绿色健康生活的意识。
过程记录	

4. 践行生态农业，畜禽粪污治理

一、活动背景

作为农业的重要组成部分，养殖业是农村产业发展的重要支柱之一。无论是小规模家庭圈养还是产业化养殖，养殖业对于改善人民生活和促进经济发展都具有十分重要的意义。养殖的概念广泛，广义上的常见分类有家禽、家畜、水产和特种养殖。畜禽粪污的污染问题伴随养殖业的发展而逐渐严重，随着农村生态文明建设的深入推进，畜禽养殖产生的污染问题引起了相关部门的高度重视。本次活动旨在促使同学们从不同渠道深入了解畜禽粪污的治理现状，实地参与其治理活动，深刻理解畜禽粪污资源化利用的重要性，提高学生生态文明素养。

施加农药达到驱虫效果的番茄 摄影：黄河林

二、活动目标

（一）能够了解畜禽粪污的有关知识：如畜禽粪污的特性、治理现状、治理方式等。

（二）能够自主制订计划，实地调查，并亲自动手参与一次畜禽粪污的治理活动，在实际行动中应用所学知识，提高生态保护实践能力和生态文明意识。

三、活动内容

（一）相关知识查阅：查阅畜禽粪污的相关知识，了解畜禽粪污的概念界定，了解常规的畜禽粪污的治理方式，为实践活动奠定理论基础。

（二）调查实践：小组合作，自主制订畜禽粪污治理现状的调查计划，根据调查结果和搜集的数据等，得出结论，并撰写调查报告。

四、活动地点

养殖场或农村家庭畜禽圈养地。

五、人数分组

每 1—4 人一组。

六、VIPP 实践活动步骤

（一）查找资料，了解畜禽粪污相关知识

1. 畜禽粪污的特性。畜禽粪污的污染力并不亚于工业废物和生活垃圾污染，如何妥善处理畜禽粪污是养殖过程中面临的棘手问题。畜禽粪污中含有大量丰富的有机物质和作物生长所需的养分，如氮、氧、磷、钾等，同时也含有大量的寄生虫和一系列致病菌，如何在杀死寄生虫和致病菌的同时，又能尽可能保留大量的营养物质，这依赖于科学的畜禽粪污治理技术。

2. 治理现状。我国全境范围内的畜禽粪污年产量约 20 吨，分布广泛，成分复杂。由于环保意识不强和从众意识的影响，传统的处理方式简单粗暴，直接施肥，简单沤制，甚至以水冲洗，这些都是极为浪费的处理方式，肥效并没有得到最大化的开发利用，其中的致病菌和寄生虫数量较高，极易造成二次污染。这些处理方式不仅没有达到资源化再利用，而且会对水源、空气和土壤造成极大破坏。

3. 处理方式。畜禽粪污的治理方式就是粪污资源化再利用的过程，通过科学的处理技术，实现粪污的无害化处理和高效再利用。常见的处理方式有：种养结合、循环利用、达标排放和集中处理，具体特点如下图所示：

```
处理方式 ─┬─ 种养结合 ─┬─ 干清粪：粪污经过堆肥或无害化处理，污水与部分固体粪便进行氧化发酵等处理，将肥水与有机肥分离开，各自利用。
          │            └─ 水清粪：粪污进行厌氧发酵、氧化塘等处理，还田应用于农业生产。
          ├─ 循环利用 ─┬─ 液体粪污：控制生产用水，雨污分流、固液分离，处理后的污水可用于场内冲洗粪沟和圈栏。
          │            └─ 固体粪污：堆肥、基质生产、牛床垫料、燃料等方式。
          ├─ 达标排放 ─── 将污水进行厌氧、好氧等工艺处理后，出水水质达到国家标准；固体粪便进行堆肥后再利用。
          └─ 集中处理 ─── 在养殖密集区，建立专门化的粪污处理中心。
```

（二）调查实践

1. 利用已搜集到的信息，制订一份翔实的调查计划，包括所选实践基地的粪污处理现状和处理方式等。

2. 开展实践。选择一种处理方法开展粪污治理实践活动，根据所选实践基地的养殖规模和处理设备选择合适的粪污处理方式。

（三）总结整理

整理从网上获取的有关信息，综合实地实践的内容，研究、总结和反思实践结果，并完成实践报告。

七、活动评价

活动结束后，主要从以下几个方面来综合评估实践效果：

（一）制作 PPT 展示畜禽粪污的特性、治理现状和治理方式。

（二）撰写畜禽粪污治理现状调查报告。

（三）实施畜禽粪污治理，能够正确处理畜禽粪污。

八、注意事项

（一）外出进行实地调查时注意安全，爱护环境，勿乱扔垃圾，听从相关场所工作人员的安排。

（二）如若皮肤不慎直接与畜禽粪污接触，请做好清洗消毒工作，以免携带其中所含的有毒致病菌。

九、过程记录

活动目标	（一）能够了解畜禽粪污的有关知识，如畜禽粪污的特性、治理现状、治理方式等。 （二）能够自主制订计划，实地调查，并亲自动手参与一次畜禽粪污的治理活动，在实际行动中应用所学知识，提高生态保护实践能力和生态文明意识
过程记录	

调查研究

1. 超市商品常见防腐剂的调查

一、活动背景

世间万物都有一个衰老退化的过程，对于生物来说，这是难以避免的，如日常生活中常见的食物腐坏。在中国古代，常用的保存食物的方法有风干、烟熏、冰冻和盐渍，这些方法沿用至今，在最大限度保持食物物理性质的同时，这类保存方式也给食物增添了不少特殊风味，但这些方法并不能完全保持食物原有的营养物质，时间过长也会导致食物的物理和化学性质发生改变。随着科技的发展，防腐剂为食物的保存提供了极大的便利。食品防腐剂是最为常见的防腐剂，所以本次活动将引导同学们参与超市常见食品防腐剂种类的调查，加深对防腐剂种类的认识，深入了解防腐剂防腐原理及其使用标准，辩证地看待防腐剂的使用。

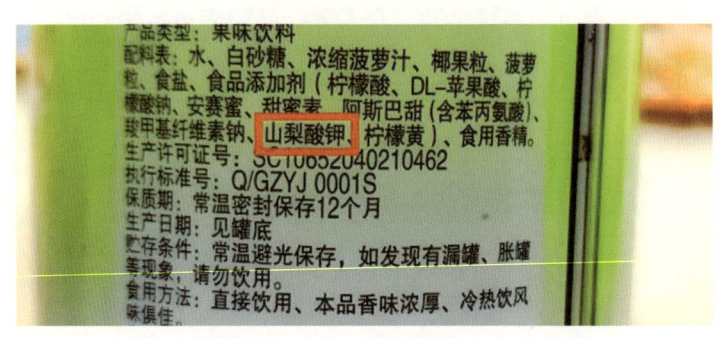

果味饮料中的食品防腐剂 摄影：黄河林

二、活动目标

（一）能够认识和了解防腐剂的有关知识：如原理、分类、使用标准等。

（二）就近调查附近超市中食品的防腐剂种类，并完成一个完整的调查报告，认识到适量防腐剂的摄入对人体并无伤害，打破对防腐剂的刻板印象，形成正确的防腐剂使用意识。

三、活动内容

（一）相关知识查阅：查阅防腐剂的有关知识，掌握防腐的原理，了解一般食品中常用防腐剂的分类，以及相关的安全使用标准，从而梳理出防腐剂的相关知识框架。

（二）调查实践：小组合作，自主制订防腐剂调查计划，根据调查结果和搜集的数据等，得出结论，并撰写调查报告。

四、活动地点

超市。

五、人数分组

每 1—4 人一组。

六、VIPP 实践活动步骤

（一）查找资料，了解防腐剂相关知识

1. 防腐剂的作用是延迟微生物的生长，保持食品的原有品质，防腐剂主要通过以下三个途径发挥其作用：

（1）干扰微生物的酶系，破坏其正常的新陈代谢。

（2）破坏微生物的细胞膜，或干扰细胞壁的形成，或改变细胞膜的渗透性，让其失活。

（3）使微生物的蛋白质凝固变性，破坏微生物的生存和繁殖。

2. 防腐剂一共分为两个大类，如下表所示。化学防腐剂应用广泛，而天然防腐剂由于提取过程复杂和成本高昂，适用范围较为局限。

化学防腐剂		天然防腐剂
有机防腐剂	无机防腐剂	从动植物和微生物中提取的乳酸链球菌素、溶菌酶和纳他霉素等
苯甲酸、山梨酸等	亚硝酸盐、亚硫酸盐等	

3. 人们常常"谈腐色变"，但其实适量的防腐剂也能参与人体正常的新陈代谢，在消化道内降解为食物的正常成分，对消化道菌群的正常运行并无影响，适量的防腐剂对人体并无副作用。除此之外，在食品加热过程中不会挥发有害物质，这类防腐剂属于安全使用范围内。

（二）实地调查

  1. 利用已搜集到的信息，制作一份翔实的调查计划，包括调查的防腐剂种类、预计会添加的食物等。

  2. 实地探访。实地探访超市食物专区，调查各种类食品包装上所标注的防腐剂种类，并用照片或视频的形式进行记录。

（三）总结整理

  整理从网上获取的有关信息，综合实地探访的内容，研究和讨论调查结果，并完成调查报告。

七、活动评估

  活动结束后，主要从以下几个方面来综合评估实践效果：

  （一）制作 PPT 展示防腐剂的防腐原理、防腐剂的种类、安全使用标准等，认识到摄取适量防腐剂对人体并无伤害，打破对防腐剂的狭隘认知，形成正确的防腐剂使用意识。

  （二）实地探访超市常见的防腐剂种类，撰写调查报告，通过本次活动，能以一个科学的态度对待防腐剂。

八、注意事项

  （一）学生外出进行实地调查时注意安全，爱护环境，勿乱扔垃圾，听从相关场所工作人员的安排。

  （二）不要与组内成员走散，不要单独行动，要有商量地按照计划去做。

九、过程记录

活动目标	1. 能够认识和了解防腐剂的有关知识：如原理、分类、使用标准等。 2. 就近调查附近超市中食品的防腐剂种类，并完成一个完整的调查报告，认识到适量防腐剂的摄入对人体并无伤害，打破对防腐剂的刻板印象，形成正确的防腐剂使用意识。

过程记录	

2. 生态系统结构和能量流动图的绘制

一、活动背景

　　了解生态系统的结构与能量流动等相关知识，可以更好地指导生产和生活，例如桑基鱼塘就是一个在优化生态系统能量流动目的下建立的生态系统。桑基鱼塘有效提高了能量的利用率，更加科学化和可行化，也能很好地实现经济效益，所以了解生态系统的能量流动具有现实意义，在高中生物课本中详细介绍了这部分内容，让我们一起带着课本知识走进身边的各种生态系统，观察生态系统的组成和功能，绘制出生态系统的能量流动图吧！

兴义万峰林下纳灰的农田生态系统　摄影：何蒙

二、活动目标

（一）通过对周围生态系统的观察，将课本知识与生活相联系，加深对课本知识的理解。

（二）通过此活动了解到生态系统中的每个角色都有自己存在的意义，进而增强爱护生命和保护环境的意识。

三、活动内容

（一）相关知识查阅：翻阅并回顾教材中关于生态知识的介绍。

（二）制作实践：以周围某个生态系统为例，画出生态系统的能量流动图。

四、活动地点

室外、室内均可，即所列举的生态系统所在地。

五、人数分组

每4人为一组。

六、VIPP实践活动步骤

（一）查阅文献资料，阅读高中生物学教材选择性必修2《生物与环境》，对生态系统的结构和功能有基本的认识，尤其对能量流动的部分进行充分理解，为后续观察生活实际的生态系统做好必要的知识储备。

（二）以周围的某个生态系统为例，观察生态系统内的生物组成以及环境中的成分，结合课本知识，绘制出生态系统各成分间能量流动的关系。

（三）下面本文以稻田生态系统为例介绍活动步骤，便于同学们更好地开展调查。

首先，将稻田生态系统内的成分进行统计并简单地分类：

非生物物质和能量：光能、水、土壤，肥料等。

植物：农作物、杂草、浮游植物等（属于生产者）。

动物：蚯蚓、鱼、青蛙、田螺等，其中蚯蚓属于分解者，如鱼、青蛙、泥鳅、田螺属于消费者。

微生物：细菌、放线菌、霉菌等，若存在硝化细菌则为生产者。

七、活动评估

活动结束后，主要从以下几个方面来综合评估实践效果：

（一）将生态系统的基本知识进行整理。

（二）画出所列举的生态系统的能量流动图。

（三）拍照记录调查过程，制作 PPT 上交调查过程，与同学进行分享和交流。

八、注意事项

进行生态系统的调查时要注意安全，做好防晒，带好必要的工具。

九、过程记录

活动目标	（一）通过对周围生态系统的观察，将课本知识与生活相联系，加深对课本知识的理解。 （二）通过此活动了解到生态系统中的每个角色都有自己存在的意义，进而增强爱护生命和保护环境的意识。
过程记录	

校园篇

环境与保护

1. 解锁贵州爱地球的 N 种方式

一、活动背景

加快生态文明体制改革，建设美丽中国，迎接新发展，是实现中华民族伟大复兴、永续发展的重要路径之一。

每年的 4 月 22 日，是世界地球日。正在 2021 年第 52 个世界地球日当天，中国国家主席习近平应邀出席领导人气候峰会，并发表了题为《共同构建人与自然生命共同体》的重要讲话。习近平指出，气候变化给人类生存和发展带来严峻挑战。面对全球环境治理前所未有的困难，国际社会要以前所未有的雄心和行动，共商应对气候变化挑战之策，共谋人与自然和谐共生之道，勇于担当，勠力同心，共同构建人与自然生命共同体。[①]

最美贵州，位于多彩美丽的云贵高原，是中国西南腹地的一颗翡翠。贵州作为首批全国生态文明试点地区之一，又是长江、珠江两江上游重要的生态屏障，始终坚持生态优先、绿色发展，努力为蔚蓝色的、浩瀚的地

---

① 国际在线. 世界地球日，中国好声音[EB/OL].（2021-04-26）[2022.9.15].https://baijiahao.baidu.com/s?id=1698066630559552742&wfr=spider&for=pc

球增添一片迷人的"贵州绿"。由各级政府或其他社会团体联合参与或举办的"生态文明贵阳国际论坛""贵安新区全国海绵城市试点""贵州单株碳汇项目""贵州河流日1+2行动"等，都是具有本土特色、成效显著的大型生态文明行动。

以上是以团体形式或在全省大范围进行的贵州爱地球的方式，那么，作为学生的我们，站在个体的角度，有哪些爱地球的方式呢？学校为大家举办了哪些爱地球的活动呢？

本活动建议在4月下旬进行。

二、活动目标

（一）了解废书废报、废旧塑料及废旧电池的回收途径，利用自己培植的绿植参加"以废换绿"社会公益活动，养成环保主人翁意识和环保荣誉感，形成亲近自然、了解自然、保护自然的生态意识。

（二）关注废旧塑料瓶的回收利用方式，利用废旧塑料瓶制作相关实用物品，体会"百变塑料瓶"在环保、绿色两个方面赋能的作用，并能在平时的生活中进行实际运用。

（三）关注国内外在世界地球日的相关活动及主题，增强生态文明意识，树立生态文明的爱国主义精神，感受人与自然生命共同体。

三、活动内容

（一）社会实践：培植绿植用于"以废换旧"，形成环保主人翁意识，并与小组内成员合作，在活动中取得一定的成绩。

（二）制作实践：在教师的指导下，利用废旧塑料瓶制作合适的、自己喜欢的盆栽、装饰品或实用小工具等。

四、活动地点

教室、操场等。

五、人数分组

每 4 人一组。

六、VIPP 实践活动步骤

（一）以"废"换"绿"，绿色与环保双管齐下

低碳环保新时尚，绿色生活靠大家。在大家平时的生活、工作与学习过程中，会不断产生废书废纸、废旧塑料瓶、废旧电池等，为了避免随意丢弃造成的资源浪费、环境污染，同时能做到对资源的循环利用、变废为宝，举办以废旧物品等值兑换绿色盆栽的环保公益活动。

1.活动准备：

（1）准备一批绿色盆栽。有条件的学校可以提前 1 至 2 个月的时间，通过校园生物园基地统一培植一批绿色盆栽；或要求同学们每人种植 1 至 2 株盆栽；也可以与学校工会或团委联合，与当地花卉市场联系提前培植；或由教师、学生组成小团队，前往其他单位寻求帮助与合作，例如与贵州省农商行某支行联合举办废旧电池兑换绿植活动等。

（2）提前做好前期宣传准备工作，避免活动当天效果不佳，或用于兑换的废书、废纸、废旧塑料瓶、废旧电池较少，达不到活动预设的环保效益。

（3）活动前一天，准备好一条宣传横幅及其他必要的设施用具，如桌椅、遮阳伞等。

（4）活动当天，印刷一块显眼的"兑换记录表"宣传展架，用于记录兑换的废旧物品数量及兑换人姓名，便于宣传参加者的环保理念，提升参加者的环保主人翁意识和环保荣誉感。

2.材料用具：

（1）手提式电子秤 2 把，用于对废书废纸、废旧塑料瓶等称重。

（2）空麻袋若干，用于对废书废纸、废旧塑料瓶进行打包、装袋。

（3）结实的纸箱或收纳箱 1 至 2 个，用于存放废旧电池等。

（4）记号笔、捆绳等必要物品若干。

3.VIPP 实践活动步骤：

（1）分组、分点布置兑换活动场所：

以小组为单位，在兑换活动现场分出多个兑换点，以免造成活动高峰期人员的积压。同时，在分组分点的条件下，小组间可以通过现场宣传、揽客等形式进行适当的比赛，提高活动的效益。

（2）以"废"换"绿"活动：

①废书、废纸兑换绿植：可以根据当地废书、废纸的回收价格，等值兑换相应的绿植。

②废旧塑料瓶兑换绿植：由于废旧塑料瓶重量较轻，且对环境污染较大、非专业人士回收利用率不高，等值兑换难度较大，建议根据当天活动参加者的废旧塑料瓶携带量进行酌情兑换。

③废旧电池兑换绿植：废旧电池随意丢弃对环境污染巨大，建议统一收集后送至当地垃圾分类处理公司进行专业处理。建议兑换量：每10—20节电池兑换一盆绿植。

（3）在现场的"兑换记录表"展示架上，用记号笔记录每次参与兑换的废旧物品种类、重量（或数量）、兑换人姓名、兑换小组等，以彰显参与兑换者和同学们的环保主人翁意识和环保荣誉感。

4.注意事项：

回收到的废书废报纸要妥善处理，可与相关回收部门联系，获得的收益用于填补绿植培植的费用；废旧塑料瓶也可以交由回收部门处理，或留存可以利用的塑料瓶用于其他活动；废旧电池需交由教师统一送至垃圾分类处理的专业公司进行专业处理。

（二）百变塑料瓶，绿色环保双赋能

塑料制品，特别是塑料瓶，物质稳定、不易分解，大家都知道随意丢弃塑料瓶会造成严重的白色环境污染，但你有没有想过，正是因为塑料瓶稳定、不易分解，所以它可以作为很好的DIY材料，经过一些创造性的改造后，可以很好地用作家庭或户外装饰，从而达到环保与资源再利用的目的。今天，我们来一起实践对塑料瓶的创意改造，让我们把平时或在上次活动中收集起来的塑料瓶进行改造，赋予新的功能。

1.活动准备：

（1）提前收集一定数量的塑料瓶，颜色、规格不限。

（2）将各类塑料瓶洗净晾干备用。

（3）在电脑或手机上搜索"塑料瓶的再次利用"相关内容，查找塑料瓶可以有哪些新的用途或可以重新制作成哪些工具，并根据自己的喜好，选择其中一到两项进行分享并尝试制作。

2. 材料用具：

美工刀、剪刀、彩笔、绳子、铁丝、万能胶或热熔胶、彩纸等，根据自己的需要提前准备相关用具。

3. 活动内容：

（1）最简单——绿植花盆的制作：

①收集一批形态大小基本相近的塑料瓶，如可乐瓶若干。

②将塑料瓶横放，对塑料瓶的一侧进行开口，另一面打孔处理。

③用铁丝或牢固的绳子分别在瓶子的颈部及底部进行固定，得到一个单个的简易花盆。

④按照上述过程制作多个简易的可乐瓶花盆，并结合自己的想法进行连接与固定，随后种植上相应的盆栽或植物，寻找合适的地方进行装饰，形成眼前一亮的"垂直绿化"。如图：

垂直绿化　摄影：谭峰

当然，同学们还可以制作成塑料瓶盆栽，通过充分发挥自己的想象力、展现心灵手巧的自己，制作单个的、可爱的、实用的绿植花盆，用于装饰自己的宿舍、班级或赠予教师等。

（2）最实用——盆栽葱蒜的种植

①取大号可乐瓶（2L）或植物油空瓶若干。

②瓶子正立，底部开孔用于滤水处理，侧面错位开孔，孔的大小要能够让成熟的葱、蒜从中穿过。

③装入泥土，夯实，随后将小葱或蒜瓣通过侧面的开孔处进行种植。

④观察生长情况并适时浇水、采摘。

⑤也可以将上部用小刀分割后，倒置安装，瓶中放水，取一根棉线，链接上、下两个部分，这样可以保证根部种植区域长时间湿润，减少人为浇水，真是一套"懒人栽葱神器"！

盆栽葱蒜（左）和懒人栽葱神器（右）　摄影：谭峰

（3）最美观——多彩多样的灯饰

还可以根据自己的喜好，结合家里或身边的灯具，进行改装，美化的同时达到环保的目的。对于这一项活动，可以通过开展校园"'变废为宝·创意灯饰'设计大赛"来开展，从而促进全校师生绿色环保意识的提升。

基于大单元视角的普通高中生态文明教育 VIPP 实践活动　>>>

例如下图是贵州某中学举行的相关活动现场。

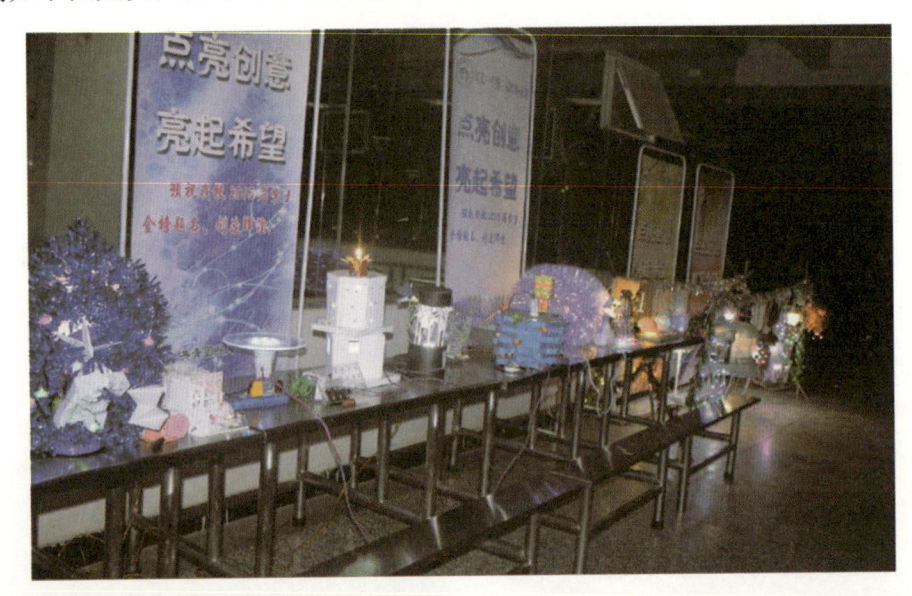

"变废为宝·创意灯饰"大赛作品展　摄影：金勇

（4）最家居——贴近家居生活实用的小工具

利用各种类型的塑料瓶，通过大胆想象，制作各色各样的家居生活实用小工具，如文件架、文具收纳盒、懒人育苗器以及其他装饰品等，大家可以参考相应的图片，选取适合自己的、适用的进行创造或改造。

百变塑料瓶 摄影：潘凤、谭峰

七、活动评估

活动结束后，主要从以下几个方面来综合评估实践效果：

（一）通过小组现场宣传情况，以及兑换的废书废纸、废旧塑料瓶、废旧电池等的数量评估。

（二）通过每个小组"以废换绿"实践活动效果评估。

（三）通过小组的"百变塑料瓶"制作数量、美观度、实用度等多方面评价小组的制作实践效果。

八、注意事项

（一）兑换废书废纸、废旧塑料瓶时注意保持地面整洁，同时戴好防护手套，保持自身卫生。

（二）废旧电池危害较大，特别是已经出现电池液泄露情况的，一定要做好泄露电池包裹措施，以免污染其他电池及个人。

（三）各类活动产生的白色垃圾要做好妥善处理。

九、过程记录

活动目标	（一）了解废书废报、废旧塑料及废旧电池的回收途径，利用自己培植的绿植参加"以废换绿"社会公益活动，养成环保主人翁意识和环保荣誉感，形成亲近自然、了解自然、保护自然的生态意识。 （二）关注废旧塑料瓶的回收利用方式，利用废旧塑料瓶制作相关实用物品，体会"百变塑料瓶"在环保、绿色两个方面赋能的作用，并能在平时的生活中进行实际运用。 （三）关注国内外在世界地球日的相关活动及主题，增强生态文明意识，树立生态文明的爱国主义精神，感受人与自然生命共同体。
过程记录	

2. 清扫地球，洁净你我

一、活动背景

地球是人类唯一的生存家园，但随着人类工业化的发展，地球的生态环境也遭到了前所未有的破坏。比如，废气废水的大量排出使生物多样性、人类健康等均遭到严重影响；"白色"垃圾等更是超过地球本身的"消化"能力。保护地球生态环境刻不容缓，不仅要靠国家政策方针的约束管理，还要依靠每个人的点滴守护。

每年九月的第三个周末为世界清洁地球日，成立宗旨在于呼吁每一个地球人养成良好的行为习惯保护地球环境。迄今为止，世界清洁日已成为一个超过150个国家参与的志愿活动，活动内容也从最初的社区垃圾清扫延伸到植树、废物回收利用和宣传教育等多种形式。保护地球环境是每个人的责任，我们都应为此付诸相应的行动。因此，建议本活动在9月下旬进行。

清洁地球日实践活动　摄影：杨姣

二、活动目标

（一）能举例说出多种生活废弃物在自然界的停留时间，养成不乱扔垃圾、分类处理垃圾的习惯。

（二）通过"清扫地球一日"实践活动，深刻感受到环卫工作者的不易，养成珍惜整洁生活环境的习惯。

（三）小组或班级同学共同制订出相应《环保公约》，同学之间互相监督遵守该公约。

三、活动内容

（一）调查实践：查询、调查生活中常见废弃物在自然界中的停留时间。

（二）劳动实践：以小组为单位，各小组分工完成校园和附近街道的垃圾清扫。

四、活动地点

校园内。

五、人数分组

每4人一组。

六、VIPP实践活动步骤

（一）地球"消化"能力大调查

查找以下生活废弃物在自然界的停留时间，也可以自行增加感兴趣的其他废弃物，了解这些废弃物对大自然"消化能力"造成的压力有多大。

废弃物名称	烟头	羊毛织物	橘子皮	尼龙织物	皮革	塑料	易拉罐
在自然界停留时间							

（二）一日实践，守护地球清洁

1. 根据校园和附近街道的布局，列出一日实践当天所要清扫的区域范围及其划分。同时准备好"世界清洁日"的宣传海报或者横幅，通过一日实践活动宣传该节日。

2. 小组之间按要求分工清扫负责的卫生区域，最好小组成员之间也要具体分工，提高效率，避免清扫疏漏。

3. 清扫工作完成后，小组成员定点巡视校园内负责的区域，及时劝阻乱扔垃圾等不文明行为，尽可能使环境时刻保持整洁。

4. 结束一天的实践后，班级评选出 5 名"校园环保卫士"，激励更多的学生热心投入保护环境的行动中。

5. 小组成员收集关于地球日的相关知识，借鉴其他较好的保护环境举措，制订一份小组或者班级的《环保公约》，号召身边的同学一起保护自然环境，养成良好的环保习惯。

七、活动评估

实践结束后，主要从以下几个方面来综合评估各小组的实践效果：

（一）通过调查，能够举例说出常见废弃物在自然界中的停留时间。

（二）小组成员可拍摄记录清扫街道或者校园的过程，根据参与活动的积极状态以及记录活动过程的简报进行评估。

（三）《环保公约》至少包括班级和学校卫生保护两个层面，若有体现垃圾分类的相关措施则可适当提升评分。

八、注意事项

外出清扫街道过程中注意交通安全。

九、过程记录

活动目标	（一）能举例说出多种生活废弃物在自然界的停留时间，养成不乱扔垃圾、分类处理垃圾的习惯。 （二）通过"清扫地球一日"实践活动，深刻感受到环卫工作者的不易，养成珍惜整洁生活环境的习惯。 （三）小组或班级同学共同制订出相应《环保公约》，同学之间互相监督遵守该公约。
过程记录	

3. 世界的环境、生存的家园，需要你我共同守护

一、活动背景

环境，是人类生存的家园，是孕育生命的摇篮，保护环境是每个人共同的责任。联合国在 1972 年的人类环境会议中提出设立"世界环境日"，以促进全球提高的环境保护意识，从政府层面提升对人类生存环境的重视。每年的 6 月 5 日为世界环境日由此诞生。

世界环境日的活动主题由联合国环境规划署根据当年的环境热点问题

制订，在成员国之间流转活动开展。由此可见，世界环境日是一个具有国际影响力的节日，环境问题是关系世界各国未来发展的生存性问题。近年来，我国采取了一系列重要措施建设生态文明，相关政策实施以来，生态环境取得了巨大的改善，在环境保护的国际舞台上发挥了重要的表率作用，我国积极申报成为世界环境日举办国，于2019年和2021年分别举行了主题"蓝天保卫战，我是行动者"和"人与自然和谐共生"的活动。保护环境不仅是国家意志，每个人都应有责任和意识贡献个人力量，以实际行动关注和守护唯一的生存家园。

本活动建议在6月的第一个星期进行，并尽可能做好6.5世界环境日的相关海报、问卷或宣传单等。

二、活动目标

（一）了解我国生态文明建设，能举例说出一些生态文明建设的成果。

（二）能够小组合作完成光学显微镜的操作，记录不同水源中的生物或颗粒的种类和数目，比较不同水源的水质状况。

（三）设计调查问卷，分析数据得出绿色消费行为水平的现状，认同个人消费行为对生态环境有重要影响。

三、活动内容

1. 相关知识查阅：查阅我国生态文明建设成果的相关资料，认可我国在生态环境恢复和保护方面的重大成就。

2. 科学实践：使用光学显微镜观察直饮水、池水和生活用水中的生物种类和数量或含有的颗粒物质的数量，比较不同水源的水质，尝试分析水质不同的原因。

3. 调查实践：设计绿色消费行为的调查问卷，了解同学们的绿色消费行为习惯，宣传个人绿色消费行为对生态环境保护的重要作用。

四、活动地点

多媒体教室、校园内。

五、人数分组

每4人一组。

六、VIPP实践活动步骤

（一）山水增美，政府在行动

1. 生态文明建设实施以来，以前工业迅速发展带来的环境遗留问题正在得到大力改善，曾经光秃秃的山、垃圾横流的水面，都逐渐成为引人驻足观赏的风景。同学们阅读以下资料，分享你的感受：

资料1：万峰湖位于黔西南州兴义市，地处贵州、云南、广西三省结合部，是国家级风景名胜区马岭河峡谷的重要组成部分，是全国五大淡水湖之一。多年前，随着万峰湖养殖的无序发展，大量饲料及其中的药物、饲料残渣，附近居民和大量游客产生的生活污水、生活垃圾等直接排入湖中，导致万峰湖湖水严重富营养化，水体遭到严重污染。近年来，政府对万峰湖大力整治，规范化养殖网箱、湖面清理等措施使得万峰湖水质得到明显改善。

资料2：贵州省地质属于典型的喀斯特地貌，石漠化严重，大部分荒山土层薄，水分含量低，植被生长困难，很多地区随处可见大片荒山。这一特殊地质使得泥石流等自然灾害在贵州省内十分常见。良好的生态环境对人们的生命财产安全至关重要。在政府相关部门的带领下，通过研究不同地质环境适合种植的植被类型，同时采取多种种植方式，比如乔木、灌木和草类植物相结合、藤蔓植物覆盖裸岩等让山头逐渐变绿，地质自然灾害逐渐减少。

2. 上网查阅资料，搜集我国政府在"山水增美"建设中的典型事例，给大家分享其中你认为感人的故事。

（二）校园水质调查

1. 以小组为单位，分别取样校园中的直饮水、池水和生活用水各三份；
2. 显微观察并记录。

在实验室老师的指导下使用显微镜。

显微镜的使用步骤：取镜和放置→对光→放置玻片标本→观察。

注意事项：

（1）观察时应先使用低倍镜，看到清晰的物像之后再转换高倍镜，低倍镜观察时可使用粗准焦螺旋和细准焦螺旋调节焦距，高倍镜下只能调节细准焦螺旋。

（2）观察时物象应移到视野中央，同时可通过调节光圈和反光镜调节视野内的亮度。

观察结果记录：

样品名称	水体中的物质/生物记录		
	样本1	样本2	样本3
直饮水			
池水			
生活用水			

提示：不知名生物可采取图画的方式代替名称，水中的颗粒物质可采用"较多、多、少、较少"等词描述

3. 小组间交流分享。根据不同地点水样中的生物种类和成分，进一步询问或查询不同水体的活水来源，尝试分析水质不同原因。最后，小组讨论人类哪些活动会对水质造成不良影响，分点呈列小组讨论结果，小组间进行分享交流。

（三）绿色消费行为调查

1. 小组查阅资料并讨论什么是绿色消费行为及绿色消费行为对环境的影响。

2. 小组成员自主设计绿色消费行为调查问卷，对学校部分同学展开问卷调查。

3. 对问卷结果进行统计并分析，根据结果倡导全校师生积极响应绿色消费，提出绿色消费行为的意见或建议。

提示：问卷设计可从绿色消费行为、消费观念等方面展开。

问卷设计示例：

1. 你的性别

A 男 B 女

2. 你所在的年级

A 高一 B 高二 C 高三

3. 你会关注自己的消费行为对环境造成的影响吗？

A 会 B 不会 C 偶尔会

4. 你去购物时会自带环保袋吗？

A 会 B 不会 C 有时会

5. 你通过什么方式了解绿色消费？

A 电视或网络等媒体 B 书籍、报纸、杂志等 C 课堂教育 D 产品包装 E 从家人、朋友、同学等处了解 F 其他方式

6. 购买商品时你会着重考虑的因素是

A 质量 B 价格 C 品牌 D 服务 E 新颖漂亮

7. 你进行绿色消费的目的是

A 时尚 B 健康 C 环保 D 无意识购买

8. 你认为绿色消费应该关注哪些方面？

A 节约资源，减少污染 B 绿色生活，环保选购 C 重复使用，多次利用 D 分类回收，循环再生 E 保护自然，万物共存

9. 你愿意为绿色产品支付高价格

A 从不 B 很少 C 有时 D 经常

10. 你如何辨别绿色产品？

A 环境标志 B 各种媒体广告 C 品牌 D 商场宣传 E 朋友介绍

11. 日常生活中，你特意选购绿色产品的原因

A 保证健康安全 B 作为馈赠礼品 C 有利于环境保护 D 时尚潮流

七、活动评估

活动结束后，主要从以下几个方面来综合评估实践效果：

（一）通过资料查找我国的生态文明建设成果，能够为我国的巨大成就感到自豪和骄傲，此项以感想的形式进行评估。

（二）通过光学显微镜观察记录不同水源中的生物和颗粒种类和数目，能够描述不同水源的水质，并分析列举影响水质的因素。

（三）通过调查并分析同学的绿色消费行为水平现状，能够得出相应的图文调查报告，并提出相应建议。

以上活动过程均以纸质材料进行评估。

八、注意事项

（一）取水样时注意安全，不要靠近水位较深的区域，需结伴同行。

（二）显微镜使用过程应规范，避免因操作不当造成显微镜损坏。

（三）问卷调查应尽量涉及各个年级的各个班级，使调查数据更具可信度。

九、过程记录

活动目标	（一）了解我国生态文明建设，能举例说出一些生态文明建设的成果。 （二）能够小组合作完成光学显微镜的操作，记录不同水源中的生物或颗粒的种类和数目，比较不同水源的水质状况。 （三）设计调查问卷，分析数据得出绿色消费行为水平的现状，认同个人消费行为对生态环境有重要影响。

过程记录	

疾病与健康

1. 人与病毒的前世今生

一、活动背景

生态系统中数量最多、种类最多的就是微生物,包括我们学习过的病毒、细菌、真菌等。正所谓"有人就有微生物",人类与微生物之间的关系相当密切。微生物是我们身上和周围共生的一部分,包括有益的细菌(如肠道菌群、发酵产品菌群)和病原微生物(如病毒、细菌和真菌)。这些微生物可以影响我们的健康、免疫系统以及许多生理过程。例如,肠道微生物可以帮助我们消化食物,强化免疫系统,还能合成重要的维生素和其他营养物质。与此同时,一些病原微生物也会引起各种传染病并危害人体健康。因此,了解和管理与微生物的相互作用对于维护人体健康至关重要。

在 4 月 7 日全球性"世界卫生日"到来之际,我们对有历史记录的、引起人类严重疾病或有重要意义的病毒进行分类,了解其传播、传染途径,培养学生重视自身卫生问题、动员身边的人普遍关心和改善当前卫生状况的意识，并能关注自身生理、心理等多方面的健康，同时学习及向他人普及健康知识、日常生活卫生常识等，提升他人及自我的保健意识、树立科学及健康的生活方式。

本活动建议在4月份的第1—2周进行。

二、活动目标

（一）统计常见致病的病毒情况，关注病毒的传染方式，养成自我保护及保持卫生的意识。

（二）掌握高中生物学中出现的常见病毒的类型及传染途径，了解常见的细菌与真菌，并能在平时的学习生活中进行实际运用。

（三）主动参与"探究口罩的使用时间与病菌的关系"活动，培养利用已有的知识解决实际问题的能力，养成正确的生物学科学态度。

三、活动内容

（一）理论实践：查阅相关资料、文献等，结合所学的生物学知识，对人类造成重大疾病或有重要影响的病毒进行分类，并关注其传播方式或传染途径。

（二）科学实践：在教师的指导下，利用佩戴时长不同的口罩，探究口罩的使用时间与病菌的关系。

四、活动地点

教室或生物实验室。

五、人数分组

每4人一组。

六、VIPP实践活动步骤

（一）病毒的调查与分类

1. 查阅文献资料，了解病毒与人类之间的关系，意识到人类的部分基因很可能来源于病毒。

2. 统计历史上有记录的、能引起人类严重病症或对人类健康产生重要影响的病毒，了解病毒对人类社会造成的影响。

3. 设计表格，利用所学知识，对病毒的遗传物质、造成的具体病症、传播途径或传染方式，以及有文献或事实表明的致死率进行分类和统计。

4. 查找统计中出现的病毒的致病的图片，并制作成PPT等文件，在班上向同学们分享你的结果，对可能有错误的地方进行修正，并能把学到的知识运用到平时的学习过程中去。

参考材料：

（1）世界几大病毒：埃博拉病毒（又译"伊波拉病毒"）、艾滋病毒、天花病毒、流感病毒（包括H1N1～H16N9等）、冠状病毒（包括SARS、2019新型冠状病毒）、甲肝病毒、乙肝病毒。

（2）表格设计参考：

	遗传物质（类型）	病毒的RNA传递方式（仅RNA病毒可填）	传播途径	具体病症	致死情况	治疗方式	其他备注
噬菌体	DNA	—	—	—	—	—	非人类致病性病毒
艾滋病毒	RNA	逆转录型	体液传播、母婴传播	免疫缺陷	99.9%	暂无	—

5.有兴趣的同学可以参考本次活动,利用所学知识对人类历史上的致病菌(包括真菌与细菌),如引起黑死病、侵华日军制作成细菌武器并使用的鼠疫杆菌;或对人类健康具有重要作用、意义的菌类,如抗战时期的重要药品"盘尼西林"——青霉素的产生菌种:青霉菌等,进行相关调查、统计、分类,并向同学们分享。

(二)探究口罩的使用时间与病菌的关系

1.实验目的:新冠疫情的暴发,让我们认识到了口罩对飞沫传染型病菌的隔绝具有重要作用。而在实际生活中,因为口罩的不规范使用,不一定能够达到防范病菌的效果,特别是长时间不更换口罩是最常见的不规范使用口罩的方式之一。那么,一个常规的医用口罩,佩戴的最佳时间应该是多长呢?

2.实验材料:医用口罩、75%医用酒精、一次性棉签、显微镜、载玻片、盖玻片等。

3.实验步骤:

(1)分别准备好未佩戴过的、佩戴过0.5小时、1小时、2小时、3小时、4小时、5小时、6小时…等的口罩若干只。可以根据需要,在本次实践活动前的对应时间开始佩戴,到实践活动开始后摘下备用。注意佩戴期间,尽量不要频繁摘下口罩、触摸口罩等,以免影响实验结果。

(2)用蘸湿75%酒精后的棉签,对口罩内侧接近鼻孔的区域多次擦拭取样,并将取样后的棉签涂抹到事先准备好的、洁净的载玻片中央,随后盖上盖玻片,在显微镜下观察。

(3)先用低倍镜在显微镜下观察,找到黑点处较为密集的区域,并将其移向视野中央,换上高倍镜,统计一个视野内的黑点数量。要注意的是,显微镜下区分粉尘和病菌较困难,此时统计结果有一定的误差。

(4)分别对佩戴过不同时长后的口罩进行实验统计,为了避免存在较大误差,要对不同配套时长的口罩进行多次采样观察并计数。

(5)制成统计分析表,分别求取佩戴不同时长的口罩上的病菌数量的平均值。同一时长内的实验统计结果,相差较大的一组应舍去。

4.实验结论:根据实验结果统计表,分析相关数据出现的可能原因及实验结论。

5. 实验改进：有条件的学校，在"实验步骤（2）"中，可以结合"高中生物学选择性必修三"教材内容中"微生物的选择培养和计数"一节的知识，利用"稀释涂布平板法"对细菌进行更准确的计数。

（三）新冠病毒流行启示录——人类命运共同体

1. 阅读《抗击新冠肺炎疫情的中国行动》白皮书[①]，了解从疫情暴发到遏制疫情、防疫常态化期间的基本措施及做法，体会防控、救治两个战场的辛苦作战程度，拥护抗击疫情的团结精神，感受人类卫生健康共同体。

《抗击新冠肺炎疫情的中国行动》白皮书　摄影：谭峰

2. 收看"习近平在全国抗击新冠肺炎疫情表彰大会上的讲话"新闻视频，树立"生命至上、举国同心、舍生忘死、尊重科学、命运与共"的伟大抗疫精神。

3. 关注2020年至今，国内外抗击疫情的状况，从国家层面、群众反映等多方面比较国内外的疫情防控措施及能力，并能甄别出少部分自媒体、公知及国外媒体等的失实报道或信息。

---

① 中华人民共和国国务院新闻办公室. 抗击新冠肺炎疫情的中国行动 [R/OL].（2022-06-07）.[2022-09-08].http://www.scio.gov.cn/ztk/dtzt/42313/43142/index.htm》

4."人类只有一个地球，各国共处一个世界，面对世界经济的复杂形势和全球性问题，任何国家都不可能独善其身"——查找资料，了解"人类命运共同体"这一理念的具体内涵。

整理、内化以上知识，向身边的亲朋、好友、同学等宣传。

七、活动评估

活动结束后，主要从以下几个方面来综合评估实践效果：

（一）完成小组的"病毒分类调查表"、实验报告。小组的"病毒分类调查表"、实验报告由小组成员共同完成，反映小组开展理论实践、科学实践的过程及结果；"病毒分类调查表"要求要对病毒的遗传物质进行准确的分类，其他内容要有可靠的参考资料，最后以PPT形式提交；实验报告包括实验目的、实验材料、实验步骤、实践结果及实验结论等内容，要求完整完成。

（二）"人类命运共同体"的内涵要求每位同学能够用自己的语言描述出来。

八、注意事项

（一）采集相关病毒致病图片时，注意甄别图片内容，部分较为血腥的内容最好不要选取。

（二）要仔细查找相关资料或寻求教师的帮助，以保证活动中出现的相关病毒和细菌的知识的准确性。

（三）在科学实践的探究实验过程中，要全程佩戴干净的口罩，防止相互传染，并注意酒精的使用。

九、过程记录

活动目标	1. 了解常见病毒的致病情况，关注病毒的传染方式，养成自我保护及保持卫生的意识。 2. 掌握高中生物学中出现的常见病毒的类型及传染途径，并能联系生活实践对这些病毒采取相应的预防措施。 3. 主动参与"探究口罩的使用时间与病菌的关系"活动，培养利用已有的知识解决实际问题的能力，养成正确的生物学科学态度。 4. 关注国内外抗疫期间的具体措施与成果的关系，能够甄别部分国内外媒体的失实信息和伪科学，尊重国内抗疫成果，增强民族自信心和自豪感，树立爱国主义精神，形成正确的世界观、人生观和价值观，感受人类命运共同体。
过程记录	

2. 认识糖尿病，保持健康生活

一、活动背景

改革开放以来，我国人民的身体状况发生了由营养不良到营养过剩的巨大转变，同时劳作方式逐渐由机器代替，人们普遍缺乏运动锻炼，因此包括糖尿病在内的各种慢性疾病发病率逐渐攀升。据数据显示：全球有4.63亿糖尿病患者，每11个成年人中就有1个罹患糖尿病。其中，中国糖尿病患者就占了四分之一。[1]

糖尿病是一种伴随终身的疾病，由多种病因引起，至今还未研究出较好的治愈方法，患者基本上需要终身注射胰岛素。更糟糕的是，糖尿病所引起的并发症是目前已知最多的，多达100多种，一旦发作，难以逆转。

糖尿病的发病率愈发提高，与之相关的公共卫生费用占比也大幅提升。糖尿病已成为我国重要的公共卫生问题，尤其是其引发的并发症更是医学界难题。早在1991年，国际上就发起了"世界糖尿病日"，并定在每年的11月14日，2007年更名为"联合国糖尿病日"，加大了政府和社会对糖尿病的关注和干预。

世界糖尿病

建议本活动在11月初进行。

二、活动目标

（一）了解并能举例说出糖尿病的病症及危害，能够说出糖尿病人的

---

[1] 郭立新. 糖尿病的流行态势和应对策略[J]. 中国临床保健杂志，2020，23(4)：433-436.

饮食结构特点。

（二）能够主动向身边的人宣传糖尿病的危害，形成预防糖尿病的意识。

（三）通过检测并记录自己一天的血糖变化，能够了解自身的血糖状态，能够运用所学的知识解决相关问题，加强自身预防糖尿病的意识。

三、活动内容

（一）相关知识查阅：查阅糖尿病相关知识，进一步了解糖尿病的病症和危害，同时查询糖尿病人的饮食结构特点。

（二）教育实践：小组制作糖尿病的宣传海报，同时开展测量血糖活动和糖尿病知识有奖问答活动，宣传糖尿病相关知识，关注健康。

（三）调查实践：开展个人一日血糖变化调查，了解自身的血糖状态，并用所学知识解决自己遇到的问题，并提高预防糖尿病的意识。

四、活动地点

多媒体教室、校园内各处等，视情况可外出宣传。

五、人数分组

每4人一组。

六、VIPP实践活动步骤

（一）了解糖尿病

1. 糖尿病知识查阅：小组成员分工查询糖尿病的病因、类型、病症（"三多一少"）、治疗方式及并发症类型。

2. 糖尿病预防知识调查：查询如何预防糖尿病，糖尿病患者的"三多三少三平衡"是指什么。除此之外，还应注意什么。

聪明的你可参考本书下方提供的阅读文章完成调查内容。

糖尿病相关知识	查询结果
病因	
类型	
病症	
治疗方式	
并发症	
饮食特点	

参考阅读

周颖文.浅谈糖尿病并发症的危害与防治[J].现代医学与健康研究电子杂志,2018,2(11):59.

周蓝波,周国平.糖尿病的饮食研究进展[J].中国糖尿病杂志,2017,25(09):851-854.

邹林强.糖尿病并发症及饮食干预的研究进展[J].中国城乡企业卫生,2021,36(12):28-30.

李瑶,张培莉,滕云.不同饮食顺序对糖尿病前期病人血糖的影响[J].护理研究,2019,33(20):3493-3497.

3.准备画笔、多张 A3 宣传纸等工具,制作糖尿病相关知识的宣传海报。小组之间比较一下哪组海报制作得精美、知识点全面且富有创意。

(二)宣传活动

1.活动准备：

(1)宣传海报的展板。

(2)制作糖尿病相关知识卡片,用于宣传活动时的知识竞答。

(3)两张桌椅、血压仪、血糖测量仪。

(4)知识竞答活动中的小礼品。

2.小组活动分工：

(1)一人主动引导来往人员了解糖尿病相关知识,介绍宣传海报上的知识点。

(2)一人坐于桌椅前帮助感兴趣的人测量血糖；

（3）两人引导来往人员展开知识竞答，并根据回答结果送上相应的小礼品。

（三）一日血糖变化调查

1. 准备血糖测量仪一个，血糖测量试纸若干。

2. 规划好测量时间，其中饭后 0.5 小时必须测，大家可以想一想其中的原因；其他时间，建议每隔 1 小时测量。

3. 将测量得到的结果记录在相关表格上，并绘制成自己的"一日血糖变化曲线"。

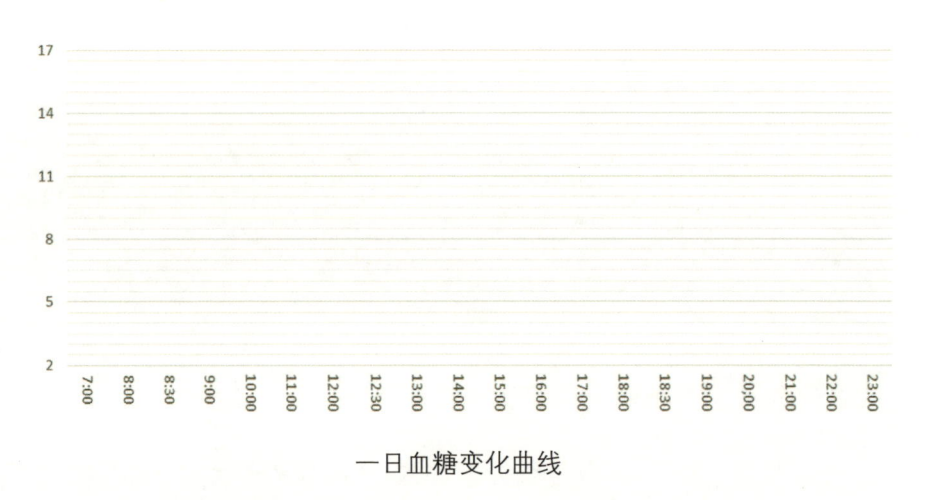

一日血糖变化曲线

4. 对比正常血糖范围，观察自身血糖变化过程，分析问题所在。

七、活动评估

（一）活动结束后，主要从以下几个方面来综合评估实践效果：

通过查询资料，至少能够说出三点糖尿病的相关知识。

（二）所以制作的宣传海报和相关的知识卡片作为活动前期准备工作的评估依据。

活动结束后以纸质形式提交活动的感想和收获，同时以简报形式记录活动过程，反映小组开展理论实践、认知实践的过程及结果。

八、注意事项

若外出宣传，活动过程中应注意安全。

九、过程记录

活动目标	（一）了解并能举例说出糖尿病的病症及危害，能够说出糖尿病人的饮食结构特点。 （二）能够主动向身边的人宣传糖尿病的危害，形成预防糖尿病的意识。 （三）通过检测并记录自己一天的血糖变化，能够了解自身的血糖状态，能够运用所学的知识解决相关问题，加强自身预防糖尿病的意识。
过程记录	

3. 关注艾滋，关爱生命

一、活动背景

艾滋病是一种免疫缺陷病，由艾滋病病毒（HIV 病毒）引起，传播途径为性传播、血液传播和母婴传播三种。HIV 病毒会使人体丧失免疫功能，从而被念珠菌等多种病原体感染致死。艾滋病病毒在人体中的潜伏时间与人体免疫系统的强弱直接相关，但一旦发作，很难治愈。目前为止，全世界仅有 3 例被治愈的艾滋病患者。

1988 年，世界卫生组织将每年的 12 月 1 日定为世界艾滋病日，旨在呼吁世界各国能够重视宣传和普及艾滋病相关知识，减少和阻断艾滋病的传播。根据国家卫生健康委的统计：仅 2019 年，全世界新增艾滋病感染者达 170 万，累计共 3800 万感染者。当今社会，艾滋病已成为一个严重的社会问题，艾滋传染清零目标的实现，需要全民共同参与。

抗击艾滋病的标志
——红丝带

建议本次实践活动在 12 月初至中旬开展。

二、活动目标

（一）通过查询资料，能举例说出艾滋病的病症及危害。

（二）通过制作宣传海报等准备工作，能够有效锻炼创造能力，培养小组合作的意识和能力。

（三）通过宣传活动，能够主动向身边的人宣传艾滋病相关知识，形成预防艾滋病的意识。

三、活动内容

实践活动：小组成员完成制作预防艾滋病的宣传单、红丝带、有奖竞答知识卡片等，于适当地点开展宣传活动。

四、活动地点

多媒体教室、校园内各处，根据自身实际情况决定是否外出展览。

五、人数分组

每4人一组。

六、VIPP实践活动步骤

（一）艾滋病相关资料收集

每个小组需完成一份关于艾滋病的资料收集，成果以PPT形式汇报。具体内容包括：

艾滋病的起源、艾滋病病毒的介绍、艾滋病的临床表现、艾滋病的治疗现状。结束后进行班内评比，评出一、二、三等奖若干名。

（二）艾滋病校内宣传活动

1. 活动前准备

（1）制作活动宣传单。小组成员根据收集到的艾滋病相关知识制作宣传单并印刷。

（2）利用红布制作抗击艾滋病的标志——红丝带。

（3）上网搜寻艾滋病相关知识，制作知识竞答卡片和抽取箱。

（4）小组合力选出预防艾滋病的宣传活动标语，并打印为横幅。

（5）准备好有奖竞答小礼品和签名笔。

2. 活动过程

（1）小组成员选择适当位置作为宣传点。

（2）搬运桌椅用于放置宣传横幅和知识问答卡片箱。

（3）小组成员向来往路人发放宣传单，同时邀请人员参与有奖竞答活动，根据答题情况赠送小礼品。

（4）组织参与者在宣传横幅上签上名字，同时为其系上红丝带，激发人们预防艾滋病的意识。

（5）若有外出展览的，需提前对接所在地区的城市管理相关部门，做好相应的准备工作。

3.活动总结

活动完成后，收拾活动现场，总结活动收获，以简报形式张贴在学校宣传栏。

学生外出开展预防艾滋病宣传活动　摄影：谭峰

七、活动评估

活动结束后，主要从以下几个方面来综合评估实践效果：

（一）能够说出艾滋病的病症及危害。

（二）拍摄记录活动过程，活动结束后，以活动简报、活动体会和心得的方式上交纸质文稿，从评估活动过程，反映小组开展理论实践、认知实践的过程及结果。

八、注意事项

制作红丝带过程中注意剪刀等工具的使用安全，外出宣传过程中注意安全。

九、过程记录

活动目标	（一）通过查询资料，能举例说出艾滋病的病症及危害。 （二）通过制作宣传海报等准备工作，能够有效锻炼创造能力，培养小组合作的意识和能力。 （三）通过宣传活动，能够主动向身边的人宣传艾滋病相关知识，形成预防艾滋病的意识。
过程记录	

资源与利用

1. "生命源泉"节约用水、合理用水主题实践活动

一、活动背景

水是生命之源，地球上最早的生命孕育于海洋，机体各项生命活动的正常运行都离不开水的参与。离开了水，地球将失去现有的生机活力，瞬间黯然失色。

淡水资源短缺是人类自古以来就有的生存性问题。根据有关数据，地

球上水的覆盖面积达 70.8%，其中只有 2.5% 左右是可饮用的淡水资源。而这约 2.5% 的可饮用淡水中仅有 13% 在人类可利用的江河湖泊及地下水，且分布不均。全球淡水资源极其紧缺，我国的淡水资源也不容乐观，人均水资源量仅有世界人均的四分之一，加上工业快速发展遗留的水污染问题，城市供水总体形势十分严峻。

节水，是与全世界人类命运休戚相关的必要举措。节水不仅是个公益性问题，还是个必须执行的法律问题。早在我国春秋时期就有了水法的萌生，唐代的《水部式》是中国现存最早的一部水利法典，不过古代的水法主要用于规定水的使用和管理，2002 年我国对 1988 年的《中华人民共和国水法》（以下简称《水法》）进行修改，明确了水资源的节约和保护。《水法》中明确规定了水资源的节约与保护条款。1993 年联合国会议将每年的 3 月 22 日定为世界水日，旨在号召世界各国节约用水，保护水资源。没有水，就没有生命，每个人都应响应号召，合理用水，节约水资源。

本活动建议在 3 月下旬进行。

二、活动目标

（一）了解我国的水资源现状，形成节约用水的观念并能主动宣传节水理念。

（二）了解贵州省喀斯特地理特征与地下水存储量之间的关系，综合分析大自然中水分布与地理特征的关系。

（三）分析市面上瓶装饮用水的成分，引导他人购买利于健康的饮用水，养成良好的生活习惯。

（四）在日常生活中践行节水和合理用水，感受点滴行动、重复合理用水对节水的重要贡献。

三、活动内容

（一）相关知识查阅：资料查阅我国水资源的现状、地理特征与地下水存储量之间的关系，深刻认识到节水的重要性。

（二）制作实践：动手绘制贵州重要水源地、水系的地理分布图，了解与自己生活息息相关的水的主要来源。

（三）调查实践：记录并分析市面上瓶装水的成分，指导自己及他人健康饮水，养成健康的生活习惯。记录践行节水期间一周的用水量，并与之前的每周用水量进行对比，深切感受节约的力量。

四、活动地点

多媒体教室、生物实验室等。

五、人数分组

每4人一组。

六、VIPP实践活动步骤

（一）了解我国的淡水资源现状

1.查阅资料，通过比较我国与其他国家的水资源总量和人均水资源量，认识到我国的淡水资源严重紧缺的现状。

山间溪流 摄影：刘婷婷

2.比较我国南北地区的降水量之间的差距，通过列出具体数据，总结得到我国淡水资源的分布特点。

3.结合我国降水分布特点，比如北旱南涝频繁等，具体陈列出近几年来相应的案例。

4.将查找到的数据和案例，制作成PPT等文件，向班上同学介绍我国的缺水现状，并呼吁同学在日常生活中践行节水观念，引导身边的亲人朋友在生活点滴中一水多用、节约用水。

（二）绘制贵州重要水源、水系地图

1.学生查阅资料统计流经贵州的重要水系、位于贵州的重要水源地，并在贵州省地图上标出其地理位置；

2.查阅资料找出贵州省喀斯特地貌与地下水存储量的关系，尝试分析贵州省的水量现状；

3.根据贵州的水源分布特点以及我省缺水地区的用水需求，小组成员尝试制定有效节约用水、高效用水的方案。

（三）瓶装饮用水成分、产地分析

水是组成机体的物质中含量最多的化合物，参与了机体的各项生命活动，所有细胞生物的生活都离不开水。健康饮水对于人们的健康生活十分重要。市面上的瓶装水种类多样，其所含的物质种类和含量也不一，小组调查瓶装水的物质组成，分析各类物质对人体健康的影响，达到引导自身健康饮水的目的。

1.学生以小组为单位前往学校商店调查统计瓶装饮用水的成分及含量，并以表格的形式呈现调查的结果，并进行比较。

产品名 成分							

2. 结合产品的成分，查找具体成分相应的功能，经过产品成分的对比，给出健康饮水的建议或意见。

（四）集体大作战——践行合理重复用水

1. 小组成员商讨并执行节水方案，记录践行节水期间一周的用水量，并与践行节水方案之前每周的用水量进行对比。

2. 用水量最少的小组分享节水方案，其余小组分析合理用水方案待改进之处，参与人员分享此次集体大作战的节水感受。

七、活动评估

活动结束后，主要从以下几个方面来综合评估实践效果：

（一）通过查找具体数据资料，描绘我省重要水系的分布区域，能够描述记录我国的水资源现状。

（二）通过了解贵州省喀斯特地形的降水丰富与储水紧张的关系，查阅记录当地的合理用水的政策，认识到节约用水在于合理用水，并能够以主人公的危机意识向身边的同学朋友主动宣传合理用水思想。

（三）通过小组调查分析瓶装水的成分和含量，能够以表格的形式记录调查结果并进行比较，得出健康饮水建议。

（四）在一周节水实践活动中，能够计划并记录节水过程，认识到每个人点滴节水会对节约水资源做出重要贡献。

以上活动均以纸质成果上交。

八、注意事项

（一）绘制水系图的过程中注意绘图的正确性与科学性，可寻求老师的帮助。

（二）节水过程中注意用水安全，使用洁净水。

（三）调查瓶装水的过程中注意保护未售出产品的包装。

九、过程记录

活动目标	（一）了解我国的水资源现状，形成节约用水的观念并能主动宣传节水理念。 （二）了解贵州省喀斯特地理特征与地下水存储量之间的关系，综合分析大自然中水分布与地理特征的关系。 （三）分析市面上瓶装饮用水的成分，能够指导自身及他人购买利于健康的饮用水，养成良好的生活习惯。 （四）在日常生活中践行节水和合理用水，感受点滴行动、重复合理用水对节水的重要贡献。
过程记录	

2. 保护动物，从"量刑"开始

一、活动背景

"大学生掏鸟获刑 10 年"——2014 年 7 月 14 日，河南郑州某职业学院学生闫啸天和他的朋友王亚军，在暑假实践期间到辉县市农村先后掏了两窝鸟巢、捕获了 16 只小鸟，并出售给相应的买家。次日，两人被辉县森林公安局拘役，同年被批准逮捕，并被辉县市检察院提起公诉，辉县市法院就此案举行了三次公开听证。经鉴定，闫啸天他们捕获的鸟类是燕隼，属于国家Ⅱ级保护动物。2015年辉县市法院以非法收购、猎捕珍贵、濒危野生动物罪分别判处闫啸天和王亚军有期徒刑10年半和10年，并分别处罚金1万元和5000元。

"大学生掏鸟获刑10年"已然尘埃落定，当年各界人士普遍认为闫啸天作为大学生，执法部门对其执法过严、判刑太重。但我们可以来看看当年判决的司法依据：非法猎捕、出售隼类动物，数量达到10只及以上，属于情节特别严重，依照《中华人民共和国刑法》的规定，处十年以上有期徒刑，并处罚金或者没收财产，所以从法理上来讲，该判决毫无漏洞。

根据国家野生动植物调查，由于栖息地减少、人类活动和其他原因，我国87.7%的野生动物种群的生存空间不断受到挤压。许多濒危物种的栖息地、鸟类集群活动区和迁徙通道受到土地开发、农业开垦和环境污染的威胁。以大熊猫为例，尽管在大熊猫的物种保护、环境改善等多方面做出了巨大努力，但全国大熊猫栖息地仍存在许多大规模干扰，在其生活范围内有319座大中小各类型的水电站和1339千米的公路。受此影响，全国各地的大熊猫大约被分为了6个大种群和33个斑块种群，由于缺乏基因交流或基因交流受阻，导致小种群面临灭绝的威胁。

改善栖息地、建立保护区等对实现野生动物种群的稳定增长固然重要，但完善相关法律、加强执法力度、严厉打击野生动物非法交易也是一项必须和重要手段。自二十世纪二十年代以来，保护、爱护动物的研究已成为世界十大环保管理工作内容之一，各国的环保社会团体在10月4日世界动物日举行各种宣传和倡导活动，旨在宣传和倡导爱护动物、尊重动物，正视、善待与人类息息相关的动物。因此，建议本活动在10月中旬进行。

二、活动目标

（一）阅读国家级保护动物名录，能写出贵州省内分布的、著名的国家级保护动物名称及保护级别，并能基本认识。

（二）了解保护动物的相关法律法规，并能通过查阅动物价值标准目录、国家保护动物目录、刑法等，核算出每种保护动物的量刑程度。

三、活动内容

（一）相关知识查阅：结合实践活动的步骤，查阅相关野生动物的保护等级、基准价值及量刑程度。

（二）教育实践：阅读国家级保护动物名录，查找贵州省常见的、著名的国家级保护动物，并收集相关图片，制作成图文报告，并向身边的亲朋、同学等宣传。

四、活动地点

多媒体教室、生物实验室、教室均可。没有多媒体的教室，提前印制好相关纸质文件、文档。

五、人数分组

每4人一组。

六、VIPP实践活动步骤

（一）贵州省国家级保护动物统计与认识

1. 查看《国家重点保护野生动物名录》[①]，结合你的认知，找出贵州省内分布的、著名的保护动物，并通过列表的方式列出这些动物的基本信息。

表格设计参考：

动物名称	目、科	保护级别	分布地区（最好具体到县域）
黔金丝猴	灵长目猴科	国家一级	铜仁梵净山自然保护区
……			

---

① 国家林业和草原局. 国家重点保护野生动物名录 [R/OL].（2021-02-05）（2022.8.25）. http://www.forestry.gov.cn/c/www/gkzfwj/272561.jhtml

2.根据统计表格，上网查找或到图书馆查阅相关资料，收集这些保护动物的图片，制成PPT报告，与大家分享。

3.由于保护动物名录内容繁多，建议分组对不同的"纲"或"目"分别进行统计和查找。

（二）了解保护动物的相关法律法规及如何定罪量刑

"大学生掏鸟获刑10年"的出现让人惶恐不安，自己会不会因为捕了1只出现在自家门前的麻雀、在河里炸了6条小鱼，被刑事处罚呢……一起来了解一下目前我们国家动物保护法及刑法对此是如何规定的吧！

1.《中华人民共和国刑法》第三百四十一条：

【危害珍贵、濒危野生动物罪】非法猎捕、杀害国家重点保护的珍贵、濒危野生动物的，或者非法收购、运输、出售国家重点保护的珍贵、濒危野生动物及其制品的，处五年以下有期徒刑或者拘役，并处罚金；情节严重的，处五年以上十年以下有期徒刑，并处罚金；情节特别严重的，处十年以上有期徒刑，并处罚金或者没收财产。

【非法狩猎罪】违反狩猎法规，在禁猎区、禁猎期或者使用禁用的工具、方法进行狩猎，破坏野生动物资源，情节严重的，处三年以下有期徒刑、拘役、管制或者罚金。

【非法猎捕、收购、运输、出售陆生野生动物罪】违反野生动物保护管理法规，以食用为目的非法猎捕、收购、运输、出售第一款规定以外的在野外环境自然生长繁殖的陆生野生动物，情节严重的，依照前款的规定处罚[①]。

2.《最高人民法院、最高人民检察院关于办理破坏野生动物资源刑事案件适用法律若干问题的解释》（下简称《解释》）第六条规定：

非法猎捕、杀害国家重点保护的珍贵、濒危野生动物，或者非法收购、运输、出售国家重点保护的珍贵、濒危野生动物及其制品，价值二万元以上不满二十万元的，应当依照刑法第三百四十一条的规定，以危害珍贵、濒危野生动物罪处五年以下有期徒刑或者拘役，并处罚金；价值二十万元以上不满二百万元的，应当认定为"情节严重"，处五年以上十年以下有

---

① 《中华人民共和国刑法》https://www.spp.gov.cn/spp/fl/201802/t20180206_364975.shtml

期徒刑，并处罚金；价值二百万元以上的，应当认定为"情节特别严重"，处十年以上有期徒刑，并处罚金或者没收财产[①]。

3.《野生动物及其制品价值评估办法》规定：

第二条《中华人民共和国野生动物保护法》规定的猎获物价值、野生动物及其制品价值的评估活动，适用本方法。

本方法所称野生动物，是指陆生野生动物的整体（含卵、蛋）；所称野生动物制品，是指陆生野生动物的部分及其衍生物，包括产品。

第四条野生动物整体的价值，按照《陆生野生动物基准价值标准目录》所列该种野生动物的基准价值乘以相应的倍数核算。具体方法是：

（一）国家一级保护野生动物，按照所列野生动物基准价值的十倍核算；国家二级保护野生动物，按照所列野生动物基准价值的五倍核算；

（二）地方重点保护的野生动物和有重要生态、科学、社会价值的野生动物，按照所列野生动物基准价值核算。

两栖类野生动物的卵、蛋的价值，按照该种野生动物整体价值的千分之一核算；爬行类野生动物的卵、蛋的价值，按照该种野生动物整体价值的十分之一核算；鸟类野生动物的卵、蛋的价值，按照该种野生动物整体价值的二分之一核算。

第九条本方法施行后，新增加的重点保护野生动物和有重要生态、科学、社会价值的野生动物，尚未列入《陆生野生动物基准价值标准目录》的，其基准价值按照与其同属、同科或者同目的野生动物的基准价值核算。[②]

4.示例：以贵州威宁草海常见的黑鹳为例，猎捕两只黑鹳后如何定罪。

（1）查阅《陆生野生动物基准价值标准目录》，查找到"黑鹳"，如图，可以得到其基准的价值标准为10000元。

[①]《最高人民法院、最高人民检察院关于办理破坏野生动物资源刑事案件适用法律若干问题的解释》（法释〔2022〕12号）https://www.chinacourt.org/law/detail/2022/04/id/150370.shtml

[②]《野生动物及其制品价值评估方法》，来源：国家林业与草业局 http://www.gov.cn/xinwen/2017-12/04/content_5244280.html

陆生野生动物基准价值标准目录

类群		基准价值（元）	备注
鹳形目	CICONIFORMES		
鹭科 所有种	Ardeidae	500	
鹳科	Ciconiidae		
东方白鹳	Ciconia boyciana	10000	
黑鹳	Ciconia nigra	10000	
其他所有种		2000	
鹮科	Threskiornithidae	10000	
朱鹮	Nipponia nippon	100000	
黑脸琵鹭	Platalea minor	15000	
其他所有种		5000	

《陆生野生动物基准价值标准目录》截图

（2）通过查阅《国家重点保护野生动物名录》，找到"黑鹳"，如图，确定保护等级为Ⅰ级；

国家重点保护野生动物名录

中文名	学名	保护级别	备注
鹳形目	CICONIIFORMES		
鹳科	Ciconiidae		
彩鹳	Mycteria leucocephala	一级	
黑鹳	Ciconia nigra	一级	
白鹳	Ciconia ciconia	一级	
东方白鹳	Ciconia boyciana	一级	
秃鹳	Leptoptilos javanicus	二级	

《国家重点保护野生动物名录》截图

（3）根据《野生动物及其制品价值评估办法》第四条的规定，"黑鹳"属于"国家一级保护野生动物，按照所列野生动物基准价值的十倍核算"，因此"黑鹳"价值评估为每只十万元，两只"黑鹳"总价值为二十万元。

（4）依据前文的《解释》属"情节严重"，根据《刑法》规定"处五年以上十年以下有期徒刑，并处罚金"。

（三）一起来给非法猎捕动物"定罪"吧！

根据"活动（二）"中的示例，完成下表，此外还可以空处添加自己认识的或常见的野生动物开展本活动。

猎捕的野生动物名称	猎捕的数量	保护等级	基准价值	总价值评估	量刑情况
大熊猫	1只				
朱鹮	1只				
丹顶鹤	3只				
眼镜王蛇	11条				
黑网乌梢蛇	21条				
长脚秧鸡	14只				
虎纹蛙（俗称田鸡）	45只				

七、活动评估

活动结束后，主要从以下几个方面来综合评估实践效果：

（一）阅读材料后能够举例说出贵州省内的国家级保护动物，并通过小组的"贵州省保护动物"图文报告，评估小组的活动效果。

（二）在对保护动物进行"定罪量刑"时，能快速、准确地查找出相关等级或价值，并通过计算结果给出合理的"量刑情况"。

（三）小组的"贵州省保护动物"图文报告由小组成员共同完成，对保护动物进行"定罪量刑"由个人完成或小组分工合作完成，反映小组开展理论实践、认知实践的过程及结果，最后以纸质的形式提交。

八、注意事项

因本节课涉及国家相关法律法规的文本资料，建议相关教师在本活动前，将《国家重点保护野生动物名录》和《野生动物及其制品价值评估办法》等资料打印成文本资料，以便翻阅。

九、过程记录

活动目标	（一）阅读国家级保护动物名录，能写出贵州省内分布的、著名的国家级保护动物名称及保护级别，并能基本认识。 （二）了解保护动物的相关法律法规，并能通过查阅动物价值标准目录、国家保护动物目录、刑法等，核算出某种保护动物的量刑程度。
过程记录	

3. 爱粮惜粮，当在一日三餐

一、活动背景

粮食是人类生存与发展的第一需要。国以民为基，民以食为天，粮食充足是社会稳定发展的基石。20世纪六七十年代，我们国家面临严重的饥荒，在那时，有一个人，他原本报名参加空军并且已通过体检、政审，最终却未入伍，继续留校学习的他在学业有成后，立志用农业科学技术击败饥饿的威胁，他就是首届国家最高科学技术奖得主、"共和国勋章"获得者、中国工程院院士、"杂交水稻之父"——袁隆平。2021年5月22日，袁隆平院士在湖南长沙逝世，享年91岁，在遗体送别仪式举行的当天，袁隆平雕像前布满花海，长沙全城市民自发在车队前进的路边送别、在殡仪馆外自发排队悼念，队伍中还有从外地特地赶来的、拖着行李箱的群众。现在，我们许多人没有经历过大饥荒年代，很难感受粮食的重要性，但"吃水不忘打井人"，对以下历朝历代水稻产量进行对比，也许你才能更加明白袁隆平院士的伟大。

朝/年代	春秋	汉朝	魏晋	唐朝	宋朝	明朝	清朝	新中国成立初期	1995	2000	2011	2022
最高亩产（公斤）	约50	约50	约90	约138	约225	约333	约278	约250	约400	约700	约900	约1154

注：2022年数据为袁隆平院士倡导试验种植的示范田之一——贵州兴义水稻超高产试验示范基地的最高亩产。

杂交水稻已经取得了巨大的成果，2020年全国粮食总产量为13390亿斤，产量连续6年保持在1.3万亿斤以上。尽管如此，我国在粮食进口方面仍然花费较大，2020年中国粮食进口量为14262万吨，同比增长28.0%，花费金额为5083210百万美元，同比增长21.1%。同时，世界上仍存在多个被饥荒笼罩的国家，比如马达加斯加，大部分儿童因缺乏营养而身患疾病，难以忍受的饥饿甚至迫使人们生食仙人掌、树叶和蝗虫。[①]

粮食使人类生命得以延续，珍惜粮食是对生命的敬畏，是对资源的节约，更是一种美德。每年的10月16日为世界粮食日，我国把世界粮食日的那一周定为节粮周。"一粥一饭，当思来之不易；半丝半缕，恒念物力维艰。"在生活条件不断变好的今天，我们也应时刻记得珍惜粮食，珍惜粮食是每个人的义务，同学们都应在一日三餐中做出爱惜粮食、节约粮食的实际行动。

建议本次活动在10月下旬进行。

二、活动目标

（一）能够自主设计调查问卷，有效锻炼思维能力。

（二）通过调查问卷、宣传活动，能够统计分析得出学校的粮食浪费现状，并能根据现状提出相应的建议，能够形成珍惜粮食的意识，不但自己节约粮食并能够在日常生活中能够主动劝阻浪费现象。

（三）通过科学实践活动，能分辨花朵的雌蕊与雄蕊，学会基本的人工杂交授粉的方法，认识到袁隆平院士杂交水稻之不易。

三、活动内容

（一）调查实践：制作关于食堂浪费现象的调查问卷，发放问卷并分析结果，了解我校食堂浪费粮食的现状。

（二）教育实践：以小组为单位，分工完成制作节约粮食的宣传海报，在校内公开场地展出，并向身边的亲朋、同学等宣传。

[①] 华经产业研究院 Rigorous.2015–2020年中国粮食进口数量、进口金额及进口均价统计 [EB/OL].（2021.03.12）[2022.08.20]. https://www.sohu.com/a/454003144_121025301.

（三）科学实践：采集身边的作物花朵，对比不同花朵的异同，能区分雌蕊雄蕊，并对其进行人工授粉。

四、活动地点

校园食堂、校园内。

五、人数分组

每 4 人一组。

六、VIPP 实践活动步骤

以下活动可由小组之间分工完成。

（一）调查统计学校食堂的食物浪费情况

设计调查问卷，了解学校的粮食浪费情况。

提示：

1. 可以从学生年级、具体的浪费现象的有无、个人在食堂就餐后饭菜的浪费情况、学生对浪费现象的感想、浪费的原因、对食堂的建议等方面来进行问卷设计，便于后期提出具有针对性的建议。

2. 食堂浪费现象最主要是由学生对饭菜的不适应造成的，为了杜绝浪费，应该从根本上解决问题。为此，可在学校食堂门口的宣传栏中增设学生意见栏，了解学生的饮食爱好。

（二）世界粮食日宣传

1. 制作宣传海报。小组成员提前拍摄食堂浪费现象，引发学生珍惜粮食的共鸣。

2. 在学校食堂门口摆放宣传海报，通过介绍我国粮食生产储存的现状以及世界粮食紧缺国家的现状，让同学们体会节约粮食的重要，明白节约珍惜粮食是一种珍贵的美德。

3. 请同学们在节约粮食的横幅上签字，激发同学们从内心深处珍惜粮食。

（三）人工授粉的操作与技巧

由于城市化进程的推进，家家户户住进高楼大厦，很多花果蔬菜被养在封闭的阳台或者高高的楼层，失去了风和蝴蝶、蜜蜂等的天然授粉途径；或者家在农村，偏偏在黄瓜、草莓等重要经济作物的开花时节遇到了绵绵阴雨，授粉就变成了一件困难的事。这时，人工授粉就是必需的了。那么，今天我们就一起来学习如何进行人工授粉吧。

1. 采集身边常见农作物的花朵，并在教师的指导下，区分雌雄同花、雌雄同株异花、雌雄异株。一般来说，如果不是特地的杂交需要，雌雄同花的自己就能授粉，无须人工帮助；像黄瓜、南瓜、草莓等雌雄同株异花或雌雄异株的，在遇到处于室内、没有传播媒介时就要进行人工授粉了。

2. 利用身边的花朵，认识并明确雄蕊、雌蕊、花粉、柱头这些基本结构。观察不同花朵雌蕊、雄蕊，对比水稻与豌豆、玉米、黄瓜等花朵的大小，认识到水稻进行去雄和人工授粉的难处，体验袁隆平院士杂交水稻育种过程的艰辛。

3. 剪下一朵花的雄蕊，拿着它轻轻地在雌蕊上摩擦，或者利用毛笔、棉签等，先在雄蕊上沾下花粉，再授粉到雌蕊上。

4. 花粉在雌蕊上要均匀散开，避免结出的果实一半大一半小；授粉前后不要洒水，特别是不要淋到花蕊上。

5. 若需要孕育新品种农作物，要根据花形判断出是否需要在开花前去雄、套袋等。

七、活动评估

活动结束后，主要从以下几个方面来综合评估实践效果：

（一）小组能够合作设计出调查学校食堂浪费情况的问卷，可根据调查报告评估小组的调查结果。对于宣传活动，可根据小组成员的活动设计方案、节粮宣传海报、成员具体分工、参与活动的投入状态等进行评估。

（二）能对不同类型的花朵进行人工授粉，能针对不同花型的农作物，判断出如果对其进行杂交培育新品种，是否需要去雄、套袋等。

八、注意事项

（一）宣传活动过程结束后桌椅等物品均应物归原处。

（二）人工授粉时注意器具的安全使用。

九、过程记录

活动目标	（一）能够自主设计调查问卷，有效锻炼思维能力。 （二）通过调查问卷、宣传活动，能够统计分析得出学校的浪费现状，并能根据现状提出相应的建议，能够形成珍惜粮食的意识，不但自己节约粮食并能够在日常生活中主动劝阻浪费现象。 （三）通过科学实践活动，能分辨花朵的雌蕊与雄蕊，学会基本的人工杂交授粉的方法，认识到袁隆平院士杂交水稻之不易。
过程记录	

协调与平衡

1. 处处造林林似海，家家植树树成荫

一、活动背景

森林被誉为地球之肺，是关系人类生存的重要资源。我国的植树节（3月12日）和国际森林日（3月21日）的成立都旨在号召人们加快绿化建设，保护森林资源。有数据显示，全球每年有将近千万公顷的森林从地球上消失。森林如此大范围地消失，显然已经成为一个重要的国际问题，成为关系到人类生存发展的本质问题。

我国将生态文明建设纳入了国家战略发展体系。英国《自然·可持续发展》杂志中的论文分析说，全球从2000年到2017年新增的绿化面积中，25%以上来自中国，中国对全球绿化增量的贡献比居全球首位，而中国贡献中42%来自植树造林。我国的植树造林有效提高了地球之肺的"肺活量"，它不仅仅是一个活动，更体现为一种保护环境的意识，是青少年群体应传承并践行的可持续发展理念。[1]

本活动建议在3月上旬或中旬进行。

二、活动目标

（一）了解我国土地荒漠化现状与绿色贡献，认同植树造林对人类生存的重要贡献。

---

[1] 中国经济网. 全球新增绿化1/4来自中国[EB/OL].（2019.02.14）[2022.05.26].http://www.ce.cn/cysc/stwm/gd/201902/14/t20190214_31476884.shtml

（二）掌握正确的种树方法，体会植树造林的不易，主动思考可持续发展理念与人类生存的关系，养成良好的社会责任意识。

（三）持续关注种植植株的生长状况并记录，培养生命观念。

三、活动内容

（一）相关知识查阅：阅读资料卡片，了解我国及我省的土地土质情况，理解我国生态文明建设发展战略的巨大成就对人民幸福生活的引领作用。

（二）操作实践：开展植树造林体验活动，体会种树的不易。

四、活动地点

多媒体教室、生物实验室等。

五、人数分组

每4人一组。

六、VIPP实践活动步骤

（一）认识我国的"绿色奇迹"

资料1：据官方数据显示，截至2014年底，全国土地荒漠化总面积共261.16万平方千米。其中，轻度荒漠化土地面积占28.69%；中度荒漠化面积占35.44%；重度荒漠化面积占15.40%；极重度荒漠化面积占20.47%。[①] 退耕还林等工程的相继实施，为我国神州大地披上了一层绿色的厚毯，有效遏制了我国土地继续荒漠化。有数据显示，我国三北工程的造林面积累计达3014.3万公顷，这一数据还在持续增加，我国已提前实现了联合国提出的2030年土地退化零增长目标。

资料2：贵阳被称为"森林之城"，市内现有林地面积275万亩，森林覆盖率为41.12%，位居全国省会城市首位。贵阳确定"环境立市"发展战

---

① 刘海俐，孙红梅. 我国土地荒漠化和沙化及林业发展现状与建议 [J]. 现代农业科技，2018（8）：161-162.

略以来，退耕还林、生态修复等措施逐年提高了森林覆盖率，荣获国家森林城市称号。2019年，贵阳市完成了较大规模的植树造林、山体治理、城市绿地、城市公园等的建设，城市绿色覆盖率逐年提升，形成了一圈环城林带。

贵阳市区局部与环城林带（摄影：lin2015）

资料3：黔西南地区地处贵州的西南方位，南盘江造山褶皱带，属于典型的喀斯特地貌区域。由于特定的地质和岩石特点，该地区地质极其脆弱，泥石流、滑坡等地质灾害频繁发生，严重威胁着当地居民的生命安全。

黔西南州大力响应实施生态文明建设政策，截至2021年共建设完成人工林地60多万亩，石漠化治理18万亩，被列为省级生态文明先行示范区建设试点州。生态环境的改善不仅大幅减少了地质灾害的发生频率，还极大增强了人民群众的幸福感。广阔的林地激发了当地的林下经济，培育了大量菌药基地、石斛等林下产业，形成了靠山吃山、林下生"金"的经济发展模式，绿色海洋已成为民众的"绿色银行"。

根据以上资料，小组成员讨论我国开展生态文明建设以来的成就体现在哪些方面？这些成就给民众带来了什么样的好处？

感兴趣的同学还可以上网搜索一下关于我国生态文明建设过程中的一

些感人故事，并将你认为感人的故事讲给身边的人听。

（二）种树活动

1. 种树

（1）拆除树根包装物。除去树根上的包装物时要小心，以免破坏树的幼根。

（2）挖树穴。树穴宽度大于树根宽度20厘米左右，深度高于树根10厘米左右。树穴最好选在土壤相对比较肥厚的地方，可以根据土壤肥力判断是否需要添加肥料。

（3）填平树坑。树苗放进树穴后填平树坑。

2. 记录

小组成员记录下树苗种下之后的数据，之后每隔一个星期左右前去记录树苗的成长情况。小组之间可比较一下各小组幼苗的生长状态。

日期	树的高度	树干腰围	树的叶片长势	施肥情况	备注

七、活动评估

活动结束后，主要从以下方面来综合评估实践效果：

通过对小组种植的树苗进行长期观察记录，对树苗成长状况进行原因分析来评估小组实践活动成果。评估以纸质材料呈现。

八、注意事项

处理树根包装物以及挖树穴过程中注意安全使用劳动工具。

九、过程记录

活动目标	（一）了解我国土地荒漠化现状与绿色贡献，认同植树造林对人类生存的重要贡献。 （二）掌握正确的种树方法，体会植树造林的不易，主动思考可持续发展理念与人类生存的关系，养成良好的社会责任意识。 （三）持续关注种植植株的生长状况并记录，培养生命观念。
过程记录	

2. 珍爱湿地，人与自然和谐共生

一、活动背景

湿地生态系统被誉为"地球之肾"，是价值最高的生态系统。据联合国的一项研究表明：一公顷湿地生态系统创造的价值是热带雨林的7倍，是农田生态系统的160倍。湿地生态系统在抗洪防涝、调节区域气候变化、保护生物多样性、为野生动物提供栖息地等方面发挥了非常重要的作用。为号召全世界各国用实际行动保护湿地生态系统，联合国将每年的2月2日定为世界湿地日。近年来，我国各地区涌现了较多以"湿地公园"为主题的生态区域，基本形成了41处国际性的重要湿地，550多处的湿地自然保护区，这一数据还在逐年上升。

保护湿地生态系统，就是保护我们生存的家园。开展世界湿地日活动，能号召更多的人自觉投身于湿地生态系统的保护当中，并将保护湿地生态系统的理念不断传承下去，实现湿地生态系统带来的可持续发展。

由于教学时间的关系，建议本次活动提前到1月份进行。

二、活动目标

（一）通过查阅资料了解贵州省湿地生态系统的分布情况，能够举例说出我省的一些重要湿地生态系统的名称及其分布。

（二）通过调查湿地生态系统的净化功能，能够认同湿地生态系统对于水质净化的重要性，深入感受到湿地生态系统的潜在价值。

（三）通过湿地生态系统摄影或书画作品征集，感受湿地生态系统的美，激发保护湿地生态系统的意识。

三、活动内容

（一）相关知识查阅：查阅贵州省的湿地生态系统分布状况。

（二）调查实践：调查"地球之肾"对水体的净化作用。

（三）制作实践：拍摄或制作湿地生态系统摄影作品或书画作品，并举办相关摄影和书画作品比赛。

四、活动地点

校园内或校园外举办湿地生态系统摄影或书画展，城市湿地公园、湿地保护区开展调查实践。

五、人数分组

每4人一组。

六、VIPP 实践活动步骤

（一）贵州省湿地生态系统分布查询

1.以小组为单位，网上查询我省的省级、国家级湿地生态系统的名称及分布。

2.选取其中一个湿地生态系统，以手抄报的形式介绍该湿地生态系统的特点。

3.小组之间互相展示学习，了解更多的湿地生态系统。

（二）"地球之肾"净化功能小调查

1.以小组为单位，前往附近的湿地公园，分别在湿地公园中水流的进水处、出水处及中段每隔一定距离，用合适的矿泉水瓶子各取一瓶水。

2.各组观察本组内取到的水的水体颜色、透明度、气味等，并按地段记录在已设计好的表格中（参考下表）。

3.用 pH 试纸或 pH 计，测出不同地段水体的 pH，也记录在相关表格中。

4.各取不同地段的水体，滴在载玻片上，并盖上盖玻片，放在显微镜下进行观察，并记录观察到的微生物的数量、种类等。观察前，应将瓶中的水摇匀，并多次取样观察。

5.各组根据表格中所呈现的数据，谈各自的想法。

"地球之肾"净化功能调查记录表

项目＼地段	进水处	进水后 10m	20m	30m	……	出水处
颜色						
透明度						
气味						
pH						

项目 \ 地段	进水处	进水后 10m	20m	30m	……	出水处
微生物的种类						
微生物的数量						
……						

（三）湿地生态系统摄影/书画作品征集

1. 小组设计作品征集稿，说明投稿方式、截止日期、获奖等级、人数及奖品设置等内容。

2. 将征集稿张贴于学校的宣传栏，或者将征集稿分发至各个班级，让更多的同学了解该活动。

3. 统计征集到的稿件，邀请学校美术书法等专业的老师评出作品等级。

4. 获奖作品发放获奖证书和奖品。

5. 将比赛过程及结果以简报的形式公告于学校的相关公众号，扩大影响力，号召更多的人加入保护湿地生态系统的行列中。

七、活动评估

活动结束后，主要从以下几个方面来综合评估实践效果：

（一）通过查阅资料，能够至少说出三个我省的主要湿地生态系统的名称及分布场所。

（二）摄影或书画作品大赛活动可以通过简报进行评估。

八、注意事项

外出前往湿地生态系统取水及拍摄作品时务必注意安全。

九、过程记录

活动目标	（一）通过查阅资料了解贵州省湿地生态系统的分布情况，能够举例说出我省的一些重要湿地生态系统的名称及其分布。 （二）通过调查湿地生态系统的净化功能，能够认同湿地生态系统对于水质净化的重要性，深入感受到湿地生态系统的潜在价值。 （三）通过湿地生态系统摄影或书画作品征集，感受湿地生态系统的美，激发保护湿地生态系统的意识。
过程记录	

3. "以自然之道·养万物之生"生物多样性主题实践活动

一、活动背景

中国的蜜蜂已经减少到十年前的九成左右，这是中科院动物研究所 2017 年发布的研究数据。爱因斯坦曾预言，一旦全世界的蜂类完全灭绝，将导致灾难性的后果，在那四年后整个人类可能会灭绝，这就是著名的"蜜蜂危机"。尽管这个警告有点危言耸听，但我们也要严谨地看待蜜蜂消失带来的"蝴蝶效应"，任何一个成分的缺失都可能使得世界这一张生态网出现严重的问题，蜜蜂的消失可能会造成多米诺骨牌效应导致全球性生物大灭绝。在 2018 年，为倡导人们爱护环境、保护蜜蜂，第一届世界蜜蜂日应运而生，会上联合国粮农组织提出观点，全球会因为蜜蜂的大规模消失而遭受粮食危机，而这还不算蜜蜂完全灭绝所引起的问题，并且这场危机将破坏全世界粮食供给的天平，世界大战必将因争夺粮食资源而引起，这危机将是前所未有、难以解决的。

据调查发现，引发"蜜蜂危机"的主要原因就是大量使用除虫剂。近百年来，随着人类社会工业化和现代化的发展，不少地区正遭受着各式各样的环境污染或生态破坏，譬如在乱砍滥伐、围湖围海造田、滥捕野生动植物资源、滥采各类矿产资源以及部分城市垃圾成灾、农村农业大量使用杀虫剂和除草剂等的作用下，目前物种种类正以每小时一种的速度消失。

正如上文所述，物种是不可再生资源，人类不仅会因为一种生物的灭绝而失去一项自然资源，还会因生态系统内食物链、食物网的复杂联系承受多米诺骨牌效应。由于人类长期发展过程中对自然资源的掠夺性开发利用，多年来，全球生物多样性被不同程度地破坏，多种生物的生存正面临严重威胁——灭绝或濒临灭绝。直到 1990 年左右，生物多样性面临危机的问题终于得到了全球各界的关注，多个国家联合了制定了一系列国际公约。1992 年，中国作为全球六个国家之一，率先批准了《生物多样性公约》。截至今天，签署相关公约的国家已达到 153 个，并确定每年 5 月 22 日为"生物多样性日"。

本活动建议在 5 月中旬或下旬进行。

二、活动目标

（一）能说出生物多样性的内容，了解生物多样性的意义，关注身边各类生物在自然界中的作用及价值，形成保护生物多样性的意识。

（二）解释"立体农业"的建设原理，与传统农业进行区别，并能在平时的生活中进行实际运用。

（三）了解生物多样性与人类可持续发展的关系，感受生物多样性在乡村振兴、脱贫攻坚等过程中带来的益处，有条件的可以参观当地的绿色产品生产、推广、销售等一系列流程，并与同学们交流和分享。

三、活动内容

（一）相关知识查阅：以高中生物学教材为参考，查阅相关资料、文献等，结合所学的生物学知识，对生物多样性、立体农业及其对生态系统的作用及意义进行相关解释。

（二）调查实践：在教师的指导下，外出调查某一地区的生物多样性，并与其他地区的生物多样性进行对比，说明生物多样性与地区环境之间的关系，以及对自然环境、人类社会的影响和作用。

（三）教育实践：举例说明身边的"立体农业"，并关注省内外"立体农业"的产生及品牌的建立，结合"脱贫攻坚"与乡村振兴，了解我国及我省在这些方面的政策、措施、做法与成效，并向身边的亲朋、同学等宣传。

四、活动地点

教室或生物实验室，野外林地、草地、农田、湖泊，乡村振兴或脱贫攻坚示范点等。

五、人数分组

每 4 人一组。

六、VIPP 实践活动步骤

（一）我身边的生物多样性——"自然笔记"

1. 参考高中生物学教材必修二第 6 章第 4 节"协同进化与生物多样性的形成"一节的知识，写出生物多样性主要包括的层次。

2. 规划好调查计划、设计好表格、准备好必要物件（如温度计、海拔计、湿度计、皮尺、记录本、防护帽等），外出调查某处环境中各种生物的名称、科属、生存环境、习性及作用，不要忽略土壤中的那部分小动物。

表格设计参考：

调查内容 物种名称	科属	生存环境	作用	其他	XX
XX	XX 科 XX 属	用阳/阴生、明亮、阴暗、干燥、潮湿、岩石上、沟边、峭壁、攀附于 XX 等进行描述	包括商业价值、景观价值、药用价值等各方面的作用	需要备注的或其他必要内容	XX
……					

3. 在调查到不知名的动植物时，可以借助智能设备进行识别或搜索，若还是无法确定的可以通过绘图、拍照、文字等尽可能详细地记录下来，以便后期参考《中国植物志》《中国鸟类野外知识手册》《中国昆虫生态大

图鉴》等完善调查内容。

4.查找资料,将你记录的"云贵高原"自然笔记,与黄土高原、青藏高原等地的进行对比,说出它们之间在生物多样性上的区别,以及各自的生物多样性对自然环境、人类社会的影响和作用。

(二)家乡的"立体农业"

1.查找资料,说出什么是"立体农业"。

2.立体农业之"果园养鸡":

(1)请家庭有此方面经验的同学,向大家分享你家的"果园"为什么要养鸡、鸭等?

(2)需要为这些鸡、鸭提供专门的饲料吗?

(3)这样的种、养殖农业模式有什么好处?参考高中生物学教材选择性必修二第3章"生态系统及其稳定性"的内容,从能量流动、稳定性等方面进行描述。

3.立体农业之"稻田养鱼":

贵州省黔东南州有一道全国出名的菜肴——"凯里酸汤鱼"。真正的"凯里酸汤鱼"使用的鱼不是一般的河鱼,而是在稻田里吃过稻花的鱼,故名"稻花鱼"。让我们一起来看看吧!

报道名称：凯里稻花鱼养殖产业迎丰收（文字来源：凯里市委宣传部作者：风情凯里）

报道内容：近年来，凯里市因地制宜，结合当地实际，把稻花鱼养殖作为实施产业扶贫战略的一项重要举措来抓，有效助力脱贫攻坚。稻花鱼养殖，待鱼苗下田后，田鱼不仅能吃掉害虫和杂草，还能排泄粪肥、翻动泥土促进肥料分解，为水稻生长创造良好条件。这不仅使水稻增产，也能收获田鱼，为村民致富增收找到了一条好路子。在三棵树镇南高村，村民罗启庆介绍，他养殖的鱼的品种为福瑞鲤，具有生长快、体型好、饲料转化率高、适应能力强和遗传性状稳定等特点。他家共用10亩水田进行稻花鱼养殖，每亩地可以产出40多公斤鱼，今年能卖2500元。鱼苗是有政府补贴的，每亩稻田养鱼的成本不超过200元，再除去土地承包的费用，可以净赚2000元左右。凯里市今年"稻花鱼养殖工程"共有20个示范点，三棵树镇南高村近两年来已达300亩，稻花鱼养殖项目成为一方群众增收致富的新路子。据了解，凯里市2018年计划实施稻花鱼养殖10.5万亩，经认真安排落实到全市各镇（街道），截至10月底，完成稻花鱼养殖10.512万亩，遍及凯里市所有镇及部分街道，其中，核心示范点0.2123万亩，分布在6个镇1个街道，示范点投放大规格鲤鱼种10615公斤。全市稻花鱼养殖共投放鱼种9万公斤（包括农户自投鱼种），采取的主要技术措施有加高加固田埂、安装栏鱼设施、在稻田内开挖"十字沟"、科学管理等，采用生态养殖方式，不投喂任何配合饲料，只投喂农家的米糠、苞谷面、沼肥等。[①]

4. 你身边还有什么样的"立体农业"，一起来跟大家分享吧！

（三）生物多样性与可持续性发展，助推脱贫攻坚与乡村振兴

"以自然之道·养万物之生"。贵州省在此基础上，各区域因地制宜，大力发展立体农业，深度推动农业、商业、文化、旅游等相关产业和服务融合，让农耕成为体验，果园成为公园，产地成为景区，采取"康、养、旅、居"的基地建设模式，植入农特产品销售、亲子游乐、民宿体验、生态休闲、

---

① 凯里．稻花鱼养殖产业迎丰[EB/OL]．（2018.11.05）[2022.9.21]．https://www.kaili.gov.cn/xwzx/zwyw/202202/t20220209_72492362.html

康养健身等乡村旅游功能。

　　总的来说，乡村振兴依托生态文明建设，将生态、生产、生活有机融入，实现山青民富，延伸集生态、富民于一体的农村农业生态链，形成特色循环产业链，实现农村生态、社会、经济三方面整体发展的协调统一。请大家在教师的指导下，前往本地与生态文明、乡村振兴有关的区域进行体验，了解本地区在乡村振兴中与生态学内容有关的具体措施或做法，并能对这些措施或做法进行评价，能够指出有缺陷的做法或提出更好的建议，可以形成文本向当地主管部门报告。

贵州兴义上纳灰村民宿风景一瞥　摄影：吴英杰

七、活动评估

活动结束后，主要从以下几个方面来综合评估实践效果：

（一）通过小组的"自然笔记调查表"的准确度与详尽情况，评估小组的调查实践活动效果。小组的"自然笔记调查表"、实验报告由小组成员共同完成，反映小组开展理论实践、调查实践的过程及结果。"自然笔记调查表"要求对各种生物的纪录要准确，特别是常见生物的物种名称，其他内容要有一定的可信度，最后以纸质的形式提交。

（二）说出"立体农业"建设的原理、意义及生态学相关内容与脱贫攻坚、乡村振兴的关系，并能对相关措施或做法进行评价或提出建议。

八、注意事项

（一）外出进行调查实践时，要注意个人的人身安全，不要随意独自前往沟边及湖边等，更不要接近一些悬崖断壁处。

（二）调查各类生物除要有意识地保护生物多样性外，还要保护好自身不受一些有毒生物（如蛇类）的侵害。

（三）有条件的地区尽可能前往"立体农业"与乡村振兴结合示范点亲身体验。

九、过程记录

| 活动目标 | （一）能说出生物多样性的内容，了解生物多样性的意义，关注身边各类生物在自然界中的作用及价值，形成保护生物多样性的意识。
（二）解释"立体农业"的建设原理，与传统农业进行区别，并能在平时的生活中进行实际运用。
（三）了解生物多样性与人类可持续发展的关系，感受生物多样性在乡村振兴、脱贫攻坚等过程中带来的益处，有条件的可以参观当地的绿色产品生产、推广、销售等一系列流程，并与同学们交流和分享。 |

过程记录	

地方与生态

1. 低碳生活，引领绿色生活新风尚

一、活动背景

说到低碳生活，大家都能举些具体的例子，倡议低碳生活最初是由于温室气体二氧化碳排放量过高，导致全球气温升高，地球两极冰川融化速度明显加快，长此以往必然威胁到人类的生存。

2013 年，我国举办了全国节能宣传周（6 月 15 日至 21 日）活动，确定了全国低碳日（6 月 17 日），从国家层面持续不断加大宣传力度，使低碳生活深入人心，积极倡导践行健康低碳生活方式。甚至某些网站还设计出了有趣的碳排放计算方式，将低碳量精确到每一克。低碳生活不仅是一种生活态度，更是关系到人类未来的国家战略。2020 年 9 月习近平总书记在联合国大会上提出"中国将提高国家自主贡献力度，采取更加有力的政策和措施，二氧化碳排放力争于 2030 年前达到峰值，努力争取 2060 年

前实现碳中和"。所谓碳中和，简单来说就是总的二氧化碳排放量与大自然光合作用二氧化碳的吸收量达到平衡，实现碳的零排放。中国是率先在国际舞台上提出这一战略的国家，这充分体现了我国的大国担当。

实现碳中和，是国家的重大战略布局；践行低碳生活，是每位公民应当履行的责任和义务。这不仅仅是一代人努力的目标，更需要代代传承。

本活动建议在7月初进行。

低碳生活宣传活动 摄影：谭峰

二、活动目标

（一）通过交流统计小组成员每天的碳排放量，逐项对比同一类别下碳排放量较低同学的生活习惯，能够提出践行低碳生活的具体建议。

（二）通过跳蚤市场，能够主动交换或购买文具、书籍资料等二手资源，养成低碳生活的生活习惯。

（三）通过调查和计算，能够说出家里电器待机状态下一天浪费的电量，意识到低碳生活体现在日常的各个微小细节上，成为低碳生活的践行者。

三、活动内容

（一）相关知识查阅：访问碳排放量计算的相关网站，意识到每个人都是碳排放个体，践行绿色的生活方式就是在为减少碳排放做贡献。

（二）劳动实践：以小组为单位，在校园的跳蚤市场上进行旧物交换，实现资源的重复利用。

（三）调查实践：每个人调查各自家里的家电种类及其功率，计算在待机状态下这些电器一天消耗的电量。

四、活动地点

多媒体教室、校园内。

五、人数分组

每4人一组。

六、VIPP实践活动步骤

（一）个人碳排放量计算

1. 使用"碳足迹计算机"等多种网络碳排放计算机来估算每个人每天的碳排放量。

2. 小组成员之间比较各自的吃、穿、住、行等生活方式引起的碳排放量的差异，归纳哪些生活方式更有利于降低碳排放量。

3. 总结列出低碳生活方式，小组之间可以进行补充和修订讨论。

补充拓展：为实现碳中和，我国也出台了针对各工厂企业的碳排放量计算方式，感兴趣的同学可查询阅读《IPCC2006年国家温室气体清单指南2019修订版》。

（二）跳蚤市场彰显绿色生活态度

1. 选定小组摊位的宣传语。

2. 选择小组贩卖的对象。比如书籍、文具等可重复利用的物件，建议选择有意义的、完好的物件来进行贩卖或交换，保证同学有物可淘，淘到有质量的物件。

3. 定价。建议每本书上用标签纸标上最低售价（原则上以原价的1—3折来定），在家长的允许下自备一定零钱用于交易。

4. 设计宣传海报。材料：小黑板或者 A3 纸、大纸板、彩笔等。自行设计符合所贩卖物品的宣传语等，营造跳蚤市场的环境文化。

5. 交易完成后，小组统计交易完成数量，并利用碳排放计算器估算此次活动减少的碳排放量。组间可进行相互比较、竞赛。

（三）家用电器待机状态耗电量调查

1. 回想家里都有哪些家电，将其名称填写在以下表格内。
2. 查找说明书或者网上查询此家电的耗电功率。
3. 通过以下的提示，计算你家的家电在待机状态下一天的耗电量。

家电名称	正常工作状态下的功率	待机状态下的功率

提示：待机指的是关闭遥控器而不关闭电器开关或电源。家电大多有待机功能，家电在待机状态耗电一般为其开机功率的10%左右，5瓦—15瓦。

七、活动评估

活动结束后，主要从以下几个方面来综合评估实践效果：

（一）在调查计算几种生活方式下的碳排放量后，能够给出具体的低碳节能生活的建议。

（二）跳蚤市场应由团队成员协作开展，分工明确，组员积极投入各个环节，对售卖出去的书籍或其他物品应有具体记录。

（三）家电调查有具体的数据展示，排列各种电器待机状态下的耗电量。

全部活动完成后，小组成员进行总结，上交纸质材料，要求具体体现低碳生活的方式以及对低碳生活的感受。

八、注意事项

（一）跳蚤市场的开展要有组织、有秩序，活动结束后将桌椅等工具放归原处，清扫活动过程中产生的垃圾等物品妥善处理。

（二）调查家电待机功率时若需实操，注意用电安全。

九、过程记录

活动目标	（一）通过交流统计小组成员每天的碳排放量，逐项对比同一类别下碳排放量较低同学的生活习惯，能够提出践行低碳生活的具体建议。 （二）通过跳蚤市场，能够主动交换或购买文具、书籍资料等二手资源，养成低碳生活的生活习惯。 （三）通过调查和计算，能够说出家里电器待机状态下一天浪费的电量，意识到低碳生活体现在日常的各个微小细节上，成为低碳生活的践行者。
过程记录	

2. 邂逅北纬26°的贵阳，纵横生态文明之论坛

一、活动背景

北纬26°，是地球上优美风景的代名词，是这座星球上最美的风景线。北纬26°，国内有避暑之都贵阳、春城昆明、海滨榕城福州、凉都六盘水，国外有秀丽的夏威夷、绚烂的迈阿密，琉球群岛，这些城市连缀起来就像

基于大单元视角的普通高中生态文明教育 VIPP 实践活动　＞＞＞

一条挂在这颗美丽星球胸前的珍珠项链……北纬 26°纬线上的美丽城市，千姿百态、绚丽多彩、心旷神怡、令人神往。

　　正所谓"上有天堂下有苏杭，气候宜人属贵阳"，这个享有"森林之城、避暑之都"美称的城市，在召开国家级、国际性高端峰会——"生态文明贵阳国际论坛（Eco Forum Global，简称 EFG）"，它的名字借此越来越响、越来越亮，伴随着每一年会议形成的《贵阳共识》，它在国际社会的知名度也日益扩大。

2021 年生态文明贵阳国际论坛场外 LOGO　摄影：谢佳杰

　　EFG 是中国唯一以生态文明为主题的高端论坛，EFG 召开的愿景在于实现工业文明与生态文明融合发展，建设生态文明的人类社会。人类要实现可持续发展，就要从褐色经济走向绿色经济，这是人类发展的必由之路，而不是选择之一。在 EFG 的 2013 年和 2018 年开幕式上，习近平总书记发来致贺信；李克强在 2014 年年会开幕时也发来贺信。历届贵阳国际论坛的众多嘉宾中，包括英国前首相托尼·布莱尔、意大利前总理罗马诺·普罗迪和其他政要等。中国共产党中央政治局常委、全国人大常委会委员长栗战书在 2021 年出席 EFG 开幕式，并发表主旨演讲。随着 EFG 在国内外声名鹊起，2021 年慕名前来参加年会的共有 500 多名嘉宾，其中，国外嘉宾 317 人，分别来自五大洲近 80 个国家和地区，包括了部分国家的政要（前政要）20 人、来驻华使节 35 人和 60 名国际知名组织首脑，这些参会嘉宾覆盖了政府、工业、大学、研究和媒体五大领域。

本活动建议在 9 月份开学的第一周开始进行，其中调查实践活动可能会延长至 9 月中旬。

二、活动目标

（一）了解 EFG 召开的愿景与主旨，认清当前生态文明建设的大方向、大背景，形成全球生态共同体观念。

（二）通过讨论生态文明的相关主题和观点，树立自觉的生态文明观念。

（三）亲自参与家用电器实际耗电情况调查实践活动，从电器使用、选择等方面强化自身生态行为，为实现绿色生活、低碳生活做出自己应有的贡献。

三、活动内容

（一）教育实践：阅读 2021 年 EFG 发布的《贵阳共识》的主要内容，理顺全球性生态文明建设方向。开展以生态文明为主题的讨论会，梳理出有理有据的观点，并向身边的亲朋、同学等宣传。

（二）调查实践：对家庭常见常用的电器进行相关耗电实际情况调查，并完成实践表格。

四、活动地点

多媒体教室、家庭生活区域等。

五、人数分组

每 4 人一组。

六、VIPP 实践活动步骤

（一）认识 2021 年 EFG 发布的《贵阳共识》主要内容：

坚持人与自然和谐共生，坚持绿色发展，坚持系统治理；坚持绿水青山就是金山银山，加大石漠化和荒漠化地区的治理与生态修复力度，让绿水青山转化为金山银山；坚持构建人与自然生命共同体，树立生态治理的大局观、全局观，算长远账、算整体账、算综合账，形成系统性的治理，实现生产、生活、生态的和谐统一；坚持用最严格制度最严密法治保护生态环境，推进生态文明建设制度化、全球化，完善生态文明法治；金融领域应携手坚定走绿色低碳发展道路的雄心和决心，积极应对全球气候变化挑战；坚持多边主义应对气候变化。全球的气候危机和生物多样性丧失问题，互相影响、相辅相成，必须协同解决；生态文明贵阳国际论坛将全面服务于生态文明建设、联合国2030可持续发展目标、《联合国气候变化框架公约》《生物多样性公约》《联合国防治荒漠化公约》等全球议程，积极致力于参与并贡献全球生态环境治理。[1]

（二）开展以生态文明为主题的讨论会

1. 研究待讨论的问题，并将支持或反对该问题的观点进行梳理，每个小组派一个代表进行陈述，在其他小组陈述过程中，持不同意见的小组可优先举手陈述。待讨论的问题包括但不限于以下内容，也可以由教师新增其他有意义的问题：

（1）生态文明建设应该观念先行还是法制先行。
（2）工业文明利大于弊还是弊大于利。
（3）保护环境更应该以人为本还是以自然为本。
（4）打造国内外知名生态文化公园应以生态还是文化建设为先。
（5）科技的发展是促进环境保护还是阻碍环境保护。
（6）经济落后的地区是发展优先还是生态优先。
（7）减少塑料制品使用是靠价格引导还是政策要求。
（8）是否应该全面禁止以食用或药用为目的的野生动物养殖和特种养殖。

---

[1] 2021生态文明贵阳国际论坛.2021贵阳共识[R/OL].（2021-07-14）[2022.9.23].https://baijiahao.baidu.com/s?id=1705164357580930616&wfr=spider&for=pc

（9）……

（10）……

2. 每个主题讨论结束后，教师对各小组陈述的观点进行小结并评价。有条件的可以发放一定的物质奖励、开展相关辩论比赛等。

（三）"生态家居"科技调查实践活动

大家都知道，常用的家用电器都有几种甚至十多种品牌，不同品牌的家电除了外形或功能上不同，能耗也不尽相同。一般家用电器都会在电器明显的区域粘贴能耗标识。能耗标识等级越高耗电能力越小，是反应相同功率下，能耗优秀的重要指标，但实际上能耗标识等级越高的电器节能效果就越优秀吗？请大家完成本节的"生态家居"科技调查实践活动，并为我们或家庭在后期购买相关电器时提供参考。

能效标识示意图（图源：中国能效标识网）

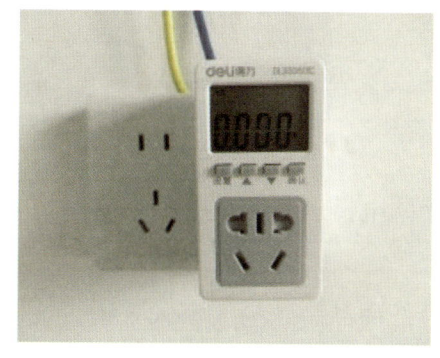

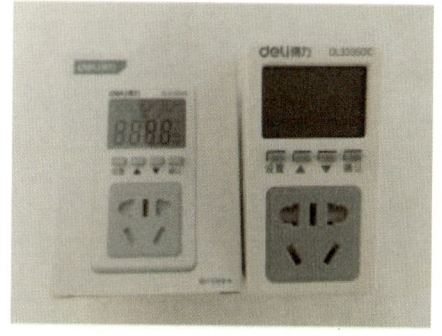

电量计量插座　摄影：张丽

1. 选取对于我们来说方便的、电流大小合适的电量计量插座，如图。

电量计量插座常见检测项目：电流、电压、电量、功率、频率、用电时间等，注意根据需要选择不同的规格。

2. 统计你调查的电器的相关参数，并调查一定时间内的电量消耗。建议调查时按经常使用的功率进行，避免造成家庭电路过载和电器短路等，并注意电器使用引发的安全问题。

电器品牌及名称	能耗等级标识	使用功率	测试时间	耗电量	实际每小时、每kW的耗电量
示例：XX牌电磁炉	一级	1.5kW	2h	4KW·h	4/（1.5*2）=1.33KW·h

3. 汇总全班同学调查的数据，将相同电器进行归类，并按实际消耗的电量进行排名。

4. 向大家分享各种电器实际能耗最低的品牌，为大家未来购买或家庭购买提供参考依据。

七、活动评估

活动结束后，主要从以下几个方面来综合评估实践效果：

（一）通过了解小组成员对生态文明贵阳国际论坛召开的愿景和主旨，及 2021《贵阳共识》的认知来评价学生对生态文明建设的了解程度。

（二）在以生态文明为主题的讨论会上，以小组的综合表现作为评价依据。

（三）在"生态家居"的调查中，以个人调查的电器不少于 5 项作为评价关键。

八、注意事项

（一）在"生态家居"的调查过程中，要避免造成家庭电路过载和电器短路等，并注意电器使用引发的安全问题。

（二）在"生态家居"的调查过程中要全程关注电器使用状态，避免人员离开后没有及时关闭等引起火灾等。

九、过程记录

活动目标	（一）了解生 EFG 召开的愿景与主旨，认清当前生态文明建设的大方向、大背景，形成全球生态共同体观念。 （二）通过讨论生态文明的相关主题和观点，树立自觉的生态文明观念。 （三）亲自参与家用电器实际耗电情况调查实践活动，从电器使用、选择等方面强化自身生态行为，为实现绿色生活、低碳生活做出自己应有的贡献。
过程记录	

3. "全国生态日"实践活动

一、活动背景

正所谓"靠山吃山、靠水吃水",很多年来,我们的祖辈都是守着青山,靠着伐木和砍柴吃饭,但过度的砍伐使大山失去平衡,再加上部分地区发生"土地癌症"——石漠化,且日趋严重,"亦穷亦垦 – 亦垦亦荒 – 亦荒亦穷"已经成为当地农村居民不断循环的生存困境,青山的林场、裸露的石山、祖辈的老屋都逐渐走向衰败,当地的精神面貌与经济收入始终毫无起色。

石质荒漠化,也就是石漠化,是我国西南地区云贵高原及其周遭地区主要面临的生态环境问题。石漠化是指地表的土壤缺失导致下层基岩裸露的现象,是水土大量流失所引起的,其主要成因包括两个方面:一是自然原因,云贵高原地处亚热带季风气候区,通俗点来说就是降水量大且集中,多暴雨且集中在夏季高温时期,流水侵蚀力强,再加上云贵地区地形的崎岖不堪、土层较薄,容易发生水土流失。土壤下面的石灰岩岩床暴露出来,导致了"石漠化"现象,同时作为基岩的石灰岩容易被流水溶蚀,也形成了石林和峰林、溶洞和暗河、天坑及天生桥等鬼斧神工的喀斯特地貌。

石漠化与石林、峰林等喀斯特地貌　摄影：刘婷婷、谭峰、吴英杰

另外一方面是人为因素，由于贵州耕地面积非常有限，"八山一水一分田"正是我省耕地现状的真实写照，当地人自然会在一些地势陡峭的地区开垦无人耕种的山地来缓解"人多地少"的矛盾。随着开垦大肆破坏了陡坡地区的植被，水土存储能力下降，加剧了"石漠化"，再加上因部分地区交通不便、经济贫弱，出现的随意砍柴、放牧等行为也会造成同样的结果。

当然，贵州省面临的生态环境问题不仅仅是石漠化，还有部分地区的水域生态问题等。发展经济与解决贵州面临的重大生态环境、提高人民的生活水平关系密切，同样重要。习近平在2011年5月9日考察了黔南州贵定县甘溪林场，作出"既要金山银山，又要绿水青山，在更高层次上实现山清水秀"的重要指示，为贵州生态经济发展指明了方向。以此为契机，紧密结合脱贫攻坚、乡村振兴相关政策，在省内各地掀起了一阵又一阵的生态经济、生态文明建设的高潮，走出了一条石漠化治理、水域环境改善等与产业发展相结合的"造血"式治理新路，使得"荒山变绿、点石成金""石苔兒'巧变'金银山'",各区域因地制宜,种好"摇钱树"、做好"水文章"、创造"点金石"、建设"富贵山"、形成"聚宝盆"……这一系列的贵州生态文明金字招牌越来越多、生态文明的光芒越来越亮!

从 2023 年开始,每年 8 月 15 日定为"全国生态日"。设立"全国生态日",体现了新时代生态文明建设的重要地位,有利于更好地学习贯彻习近平生态文明思想,增强全民生态环境保护意识和行动自觉,持续推进生产方式和生活方式绿色低碳转型,全面推进美丽中国建设。我们要用好这一有效载体,充分促进省内各地利用生态优势、挖掘生态潜力、激发生态活力、建设生态文明,推动生态文明理念深入人心。随着贵州省生态环境的日益改善,"八山一水一分田"逐渐演变为"好山,好水,好人家",作为"山水林田湖草"生命共同体的山、水,早已成为贵州人生命中的一部分,贵州省始终秉持着"绿水青山就是金山银山"的理念,踔厉奋发,努力做好生态文明建设,让贵州生态文明之光照耀"醉美贵州""辉映大地神州"!本活动建议在 8 月中旬或下旬进行。

二、活动目标

(一)能说出全国生态日的建立目的及意义。

(二)解释石漠化形成的基本原因,并能举例说明石漠化治理的模式及基本原理;了解石漠化治理与乡村振兴、脱贫攻坚之间的关系、做法与政策、成果。

(三)实地感受所在地区独有的生态风景,拍摄所在地区石漠化特色场景关系,观察石漠化地区种植的作物与耕种方式,并形成图文报告与大家分享。

三、活动内容

（一）教育实践：阅读相关资料，举例说出各地石漠化治理的典范案例，并结合身边的生态问题关注本地区石漠化治理的相关措施及成果，结合"脱贫攻坚"与乡村振兴，了解我国及我省在这些方面的政策、做法与收益，并向身边的亲朋、同学等宣传。外出采集家乡独有的美景，体会多彩的贵州生态。拍摄家乡石漠化特色场景与耕种实景，多角度地体会石漠化治理的实际意义。

（二）调查实践：在教师的指导下，通过查阅相关资料，结合作物的生长特点、根系情况等，得出适合石漠化地区种植的、具有实际参考意义的作物统计表，为本地区乃至本省的石漠化治理提供一定的帮助与建议。

四、活动地点

多媒体教室、身边的石漠化典型区域或水域综合治理区域、乡村振兴或脱贫攻坚示范点等。

五、人数分组

每 4 人一组。

六、VIPP 实践活动步骤

（一）贵州省生态环境问题综合治理与生态文明建设典范

参考以下贵州省石漠化区域治理模式，查找并阅读相关石漠化治理措施及成果的材料，体会石漠化治理的难易程度与实际意义。

1. 种好"摇钱树"——贵定县甘溪林场。
2. 做好"水文章"——黔西南州万峰湖区域环境综合整治。
3. 创造"点金石"——石漠化草地畜牧业的"晴隆模式"

晴隆县石漠化治理前后初步对比（图源：晴隆县水务局石漠化股）

4. 建设"富贵山"——关岭、贞丰北盘江花江流域，种植石漠花椒，创国家地理标志产品，把"石漠王国"变成"绿色银行"的"顶坛模式"。

可以说，黔南州在生态保护中种好了"摇钱树"，相邻的黔西南州则做好了"水文章"，晴隆、关岭、贞丰等地创造了"点金石"。从而创造出更多类似的"富贵山""聚宝盆"，让祖祖辈辈所在老屋的门前门后、山上山下结满财富的果实，让人民群众的双颊布满幸福的面容。你还知道其他石漠化地区的类似做法吗？如何推广或复制这些地区的生态建设理念与成果？

（二）石漠化区域走访与适宜栽种的经济作物调查

1. 利用周末或节假日，采集家乡独有的风景，外出到家乡附近石漠化区域进行相关实地走访，拍摄具有石漠化特色的场景、石漠化耕地种植的现场图片等，形成一定的图文报告，待回校后与同学分享。

2. 喀斯特石漠化地区夏季高温多雨、冬季低温少雨，土层浅薄、储水能力差、土壤呈碱性，根据区域特点，各位同学可以通过查阅相关资料，设计相关表格，从植物的根系情况、生长特点等多方面进行调查和总结，统计出你认为适合在石漠化地区栽种的经济作物，并与大家分享。

表格设计参考：

物种名称	作物分类	生存环境	作用	其他	XX
XX	XX科 XX属	用阳/阴生、明亮、阴暗、干燥、潮湿、岩石上、沟边、峭壁、攀附于XX等进行描述	包括商业价值、景观价值、药用价值等各方面的作用	需要备注的或其他必要内容	XX
……					

（三）定格自然的美丽——家乡的生态摄影

1. 利用手边的设备，如手机、相机等，通过网络学习或在老师指导下，学习一定的摄影基础知识，比如感光度、曝光时间、构图方式等。

2. 根据自身实践的地点和时间，从自然的生态美、天人合一的生态美、乡愁的生态美、城市的生态美等一个或多个方面展开，定格美丽，保存珍贵的生态影像资料（优美、珍贵的影响在精不在多、并随时随地地同大家分享。

3. 关注国内相关方面的摄影比赛，填写相关资料并提交影像资料，注意版权责任和使用等相关问题。

七、活动评估

活动结束后，主要从以下几个方面来综合评估实践效果：

（一）学生阅读材料后能够举例说明石漠化治理的基本模式及原则，并通过小组的"石漠化区域走访"图文报告及"适宜栽种的作物"调查表，评估小组的调查实践活动效果。小组的"石漠化区域走访"图文报告由同一县域或地域小组成员共同完成，反映小组开展实践的过程及结果。"适宜栽种的作物"调查表要求对常见经济作物的物种名称纪录要准确，并尽可能罗列别名、地方名等详细内容，其他内容也要有一定的可信度，最后以纸质的形式提交。

（二）"生态摄影"要求每人至少有一张展示自己家乡的图片，要求主旨鲜明、构图优美、内容健康。

八、注意事项

（一）外出进行调查实践时最好有家长陪同或组队前往，要注意个人的人身安全，不要随意独自前往沟边及湖边等，更不要接近一些悬崖断壁处。

（二）有条件的地区尽可能前往与石漠化治理有关的"脱贫攻坚"乡村振兴示范点亲身体验。

九、过程记录

活动目标	（一）能说出全国生态日的建立目的及意义。 （二）解释石漠化形成的基本原因，并能举例说明石漠化治理的模式及基本原理；了解石漠化治理与乡村振兴、脱贫攻坚之间的关系、做法与政策、成果。 （三）实地感受所在地区独有的生态风景，拍摄所在地区石漠化特色场景关系，观察石漠化地区种植的作物与耕种方式，并形成图文报告与大家分享。
过程记录	

社会篇

生态美景

1. 百里杜鹃国家森林公园生态文明实践活动

一、活动背景

2021年，习近平总书记在视察贵州时做出重要指示，贵州省要突出发展生态文明建设，做出新成绩，要秉持"两山"理念，做好生态与发展协同共进这篇大文章。

在贵州推进生态文明建设过程中，百里杜鹃景区始终围绕核心，坚持绿色发展，以发展绿色生态作为框架，以保护生态作为核心，构建了定位清晰的生态文明建设体系。百里杜鹃景区将生态经济化放在首位，着力推进花海观光和田园休闲等旅游项目的建设，将秀丽风景转化为标志性产品，使游客流量逐年提高、经济效益逐年凸显。

二、活动目标

（一）掌握标本制作的基本知识，学会采集和制作木本植物标本。

（二）通过自制杜鹃花种类识别册，能够了解有关杜鹃花的基本概况，识别大部分杜鹃花的种类。

（三）通过本次活动，增强热爱家乡的情感，感悟生态和经济协调发展的关系。

三、活动内容

（一）研学实践

1. 百里杜鹃风景名胜区简介

百里杜鹃风景区坐落在贵州省毕节市，总面积约125.8平方千米。景区内有40多种杜鹃花，囊括了杜鹃花5个亚属，是世界上种类最为齐全的自然杜鹃林带。作为世界上唯一的杜鹃花国家森林公园，百里杜鹃风景区于1987年3月被评为省级风景名胜区，1993年5月被评为地区级自然保护区，2013年被评为AAAAA级景区。

花团锦簇，灿若丹霞——百里杜鹃风景名胜区　摄影：刘婷婷

百里杜鹃景点分为5个景区，分别为普底、金坡、戛木、花王和百合景区。普底景区的杜鹃花品种种类相对较多，但因其在5个景区中海拔最高，所以相对其他景区而言，其花开放的时间相对较晚；金坡景区在5个景区中规模较大，由于海拔低，所以开花时间较早；"千年花王"——马缨杜鹃花树身处花王景区，据测树龄已达到了1260岁。因为花王景区和

戛木景区基础设施整修时间长，所以它们开放的时间都比较晚。

天然花园·彩色之美——杜鹃花海一角 摄影：刘婷婷

2. 百里杜鹃风景名胜区的价值

（1）经济价值

百里杜鹃以核心魅力区——杜鹃花海为依托带动乡镇发展，以景带乡，以景带村，实现旅游产业欣欣向荣、群众收入节节攀升。在这里，越来越多的群众吃上"旅游饭"。从2016年到2019年期间，景区旅游总人数逐年增长，旅游总收入明显提高；2020年，居民人均可支配收入比百里杜鹃管理区成立时增加了8989元；2021年，百里杜鹃管理区深入推进旅游高质量发展，到2021年8月底，景区总计接待了游客531.15万人次，旅游综合收入达到了52.42亿元。

在毕节市，政府全面推动以杜鹃花为核心的花卉商品发展，并培植壮大地方特色的花木行业。近年来，以杜鹃为主的山地冷凉花卉的生产规模达到了每年100万盆以上。

（2）科考价值

百里杜鹃景区内有40余种杜鹃花，是世界上杜鹃花品种最多的地方，因此，该地也是中小学生进行植物科普、制作杜鹃花标本的理想之地。

（二）制作实践

在老师的指导下，制作杜鹃花蜡叶标本、杜鹃花标本册及杜鹃花种类识别册。

四、活动地点

贵州省毕节市。

五、人数分组

每 4 人一组。

六、VIPP 实践活动步骤

（一）蜡叶标本制作小知识

在去百里杜鹃景区之前，教师要提前给学生讲解关于采集和制作杜鹃花标本的方法步骤，以便让学生了解我们即将去实地探索的内容。

杜鹃花是木本植物，有种子，雌雄同花，有多个品系，其中一些品系是先开花后发芽，有一些品系是先长枝叶后开花。

蜡叶标本的制作
1. 蜡叶标本的含义。
2. 一份达标的标本应具备以下特点 种子植物标本要带有以及。 标本上要挂有，并在其上写清楚。 要有一份，其记录内容包含。
3. 标本采集用具 标本夹、枝剪或剪刀、采集袋、吸湿草纸、记录簿、号牌、手机（下载"花伴侣"APP，用于识别杜鹃花）。

4. 标本采集注意事项

（1）要用来截取标本，不能用手直接折断。

（2）要采集的枝条。

（3）对于先开花后发芽的植物来说，应该。

（4）一般还应该有的枝条，因为这样的枝条常常会存在多种不同的特征，同时，以便区别于藤本植物。

5. 标本制作步骤

（1）整理标本。

（2）压制：叶要都有的整理过的标本及时挂上，将有绳子的一块木夹板做底板，上置吸湿草纸4~5张。然后，以使木夹内的标本和草纸整齐平坦，用绳子将标本夹缚紧。

（3）换纸干燥。

（4）标本干后上台纸。

（二）走进百里杜鹃风景名胜区

1. 在学校预先做好的准备

年级组：出发前跟百里杜鹃旅游区相关负责人员沟通说明本次出行目的，双方做好对接工作，注意询问是否可以采集部分杜鹃花用于制作标本。预订出行所需车辆，组织教师会议，明确参与活动教师需要负责的工作，提示教师对学生进行安全教育和环境保护教育等。

班主任：分组，确定小组组长，明确此次出行目的，下发百里杜鹃风景名胜区 VIPP 实践活动指南，其中内附出行路线、百里杜鹃景区介绍等相关资料，同时进行安全教育和环境保护教育。

学生：出发前查询了解百里杜鹃风景名胜区及采集、制作标本和编制识花册的相关知识，并提前查询毕节近期天气情况，带好随行所需物品。

2. 参观考察

各小组学生在相关人员的带领下参观百里杜鹃景区，在观赏之际，认真聆听相关人员介绍百里杜鹃景区的发展史，咨询千年杜鹃花王的由来及其价值意义或其他相关问题，同时也要倾听专业人员讲解如何识别杜鹃花的种类，并利用所准备的工具做好标本采集、记录、录音和摄影摄像相关工作。在摄像时要注重拍摄花朵、叶片、种子及果实。

3.制作杜鹃花标本册及杜鹃花种类识别册

各小组学生先将采集回来的杜鹃花制成标本册，而后归纳整理杜鹃花照片，根据景区专业人员的讲解，结合所学的生物学知识及查阅的相关资料（例如，2020年杨冰等人发表的《贵州杜鹃花科植物果实形态及21种杜鹃花属植物种子特性》），制作杜鹃花种类识别册，其中主要根据花的颜色、花冠与叶片的形状、花期、果实形态、种子形态等性状进行分类。

七、活动评估

实践结束后，主要从以下几个方面来综合评估的实践效果：

（一）组内各成员的实地调查过程记录，以及在该过程记录基础上总结出的小组实地考察报告，该报告要反映小组实地观察和体验的过程和收获，并以PPT的形式提交。PPT内容包括几方面：从历史文化、植物学研究等方面分析古树名木的价值，在参观体验景区后对绿色生态旅游的认识，自身的收获及感受。

（二）小组蜡叶标本制作表的完成度。

（三）采集和制作杜鹃花标本的科学性。

（四）杜鹃花种类识别册的科学性及可用性。

八、注意事项

（一）带队教师要教导学生养成安全隐患防范和环境保护意识，强调切不可乱涂乱画、乱扔垃圾，在参观过程中如果看到地上有垃圾要及时捡起，要遵守纪律，不擅自离队。

（二）各小组长要认真履行职责，确保组内成员无走散情况。有纪律有组织地开展活动，活动时要团结协作、相互关心，时刻保障自身安全。

（三）带队教师要明确活动具体区域，告知学生安全区域与禁行区域，以免发生意外事件。在引导学生过马路时，要严格遵守交通安全规章制度，走人行道，不乱行，不扰人。若在开展活动时发生预料之外的事故，应第一时间处理，将危险降至可控范围内，并及时将情况上报学校领导。

（四）带队教师要详细审查学生身体健康状况，对不适宜参加活动的学生做好思想工作，并对其家长做好解释，劝阻其参加本次活动。

九、过程记录

活动目标	（一）掌握标本制作的基本知识，学会采集和制作木本植物标本。 （二）通过自制杜鹃花种类识别册，能够了解有关杜鹃花的基本概况，识别大部分杜鹃花的种类。 （三）通过本次活动，增强热爱家乡的情感，感悟生态和经济协调发展的关系。
过程记录	

2. 梵净山国家级自然保护区生态文明实践活动

一、活动背景

习近平总书记在 2018 年的全国生态环境保护大会上对加强生态环境保护做了系统阐述，并正式确立了习近平生态文明思想。该思想强调保护自然生态环境就是保护生产力，就是推动社会经济发展的后劲。

在 2018 年，梵净山成功申遗就是我们秉持绿色发展理念的最好表现，以此荣誉作为起点，我们将持续深入推动"两山"理念、保护自然资源多样性、推动自然资源可持续发展，不断延展绿水青山与金山银山的转化之路，让绿水青山真正成为发展的动力，巩固以生态优美、产业兴旺、人民富裕为基石的发展道路。

在假期，通过让学生参与到梵净山的绿色发展实践调查中，使学生正确认识到经济发展与环境保护的关系，明白守住生态环境就是提升生产力，从而助力学生树立正确的绿色发展观。

二、活动目标

（一）阅读梵净山生态文明相关文件，关注梵净山生态文明建设进展，响应国家号召，牢固树立生态文明理念，积极投身生态文明建设。

（二）知道梵净山形成的地质过程。

（三）认识梵净山植物多样性。

（四）通过分析梵净山的地质地貌，明白梵净山能够入选世界自然遗产的原因。

三、活动内容

（一）教育实践

阅读观看梵净山推进生态文明建设的举措文件及视频，关注梵净山生态文明建设现状、成果及途径，及时收集有关梵净山生态保护的资料。

（二）研学实践

梵净山简介

梵净山位于贵州省铜仁市，总面积为 567 平方千米，得名于"梵天净土"，是一座具有 2000 多年历史且文化底蕴深厚的名山，主要保护地球仅存 800 余只的"黔金丝猴"和恐龙时代留下来的古老孑遗植物且有"植物活化石"之称的"珙桐"等国家重点保护珍稀野生动植物，于 2018 年 7 月被列入世界遗产名录，同年 10 月又被评为国家 AAAAA 级景区、国家级自然保护区。

梵天净土，摩云接天——梵净山红云金顶 摄影：张丽

  梵净山自然生态资源丰富，拥有 95% 的森林覆盖率，是濒危裸子植物梵净山冷杉的唯一分布地，有植物 2000 余种，其中有国家一级保护植物 6 种，国家二级保护植物 25 种；有动物 801 种，国家保护动物 19 种，是"地球的独生子"黔金丝猴在全球的唯一栖息地。梵净山垂直落差巨大，山形复杂、环境多变，在几公里的水平距离内，山脚到山顶的垂直落差超过 2500 米，跨越了四个温度带，相当于同一海拔跨越了几千公里的纬度。因此，梵净山是广大研究者及中小学生科考生物学、地质学的理想之地。

  从梵净山被贴上"世界自然遗产名录"及"5A 级景区"名片后，梵净山景区 2019 年相对于 2018 年来说，接待游客人数增长了 19.56%，达 143.56 万人，旅游营业收入增长了 12.59%，达 28000 万余元。景区旅游业实现了高质量发展，当地村民也因此在一定程度上改善了生活状况及就业状况。

  总之，近年来全市按照"生态 + 旅游""生态 + 文化"的理念，在绿色发展的前提下，深入推动了当地生态文化与旅游业的融合，实现了在保护生态环境的同时发展了经济。

  （三）调查实践

认识梵净山不同环境下形成的各式各样的岩石、山体地形及环境条件，分析梵净山能够成为珍稀动植物庇护所的原因，同时剖析梵净山独特的地质地貌形成的原因以及带来的生态后果，提出保护建议，撰写调查报告。

四、活动地点

贵州省铜仁市江口县。

五、人数分组

每4人一组。

六、VIPP实践活动步骤

（一）查阅相关资料

阅读2018年发布的《铜仁市梵净山保护条例》（以下简称《条例》），学习了解《条例》的目的意义及其具体措施等内容，并及时收集关于梵净山资源环境保护和社区发展、管理服务举措等来自政府或企业、媒体的资料，全面体会梵净山经济发展与生态环境保护之间的关系。

（二）探秘梵净山

1. 在学校预先做好的准备

年级组：出发前跟梵净山旅游区相关负责人员沟通说明本次出行目的，双方做好对接工作。预订出行所需车辆，组织教师会议，明确参与活动教师需要负责的工作，提示教师对学生进行安全教育和环境保护教育等。

班主任：分组，确定小组组长，明确此次出行目的，下发梵净山风景名胜区VIPP实践活动指南，其中内附出行路线、梵净山景区介绍等相关资料，同时进行安全教育和环境保护教育。

学生：出发前查询了解梵净山景区的相关知识，并提前查询铜仁市近期天气情况，带好随行所需物品。

2. 参观调查

各小组学生在专业人员的带领下参观梵净山风景区，在观赏之际，认真聆听专业人员介绍梵净山的形成过程、景区的发展史，认识梵净山不同环境下形成的各式各样的岩石、山体地形，分析梵净山能够成为珍稀动植物庇护所的原因，同时剖析梵净山独特的地质地貌形成的原因以及带来的生态后果，进而认识到梵净山能够入选世界自然遗产的原因。在聆听咨询期间，利用所准备的工具做好记录、录音和摄影摄像等相关工作。

七、活动评估

实践结束后，主要从以下几个方面来综合评估实践效果：

（一）学习《条例》后书写的心得体会。

（二）撰写的小组调查报告，并以PPT的形式提交。PPT内容包括3方面：运用所学地理学知识阐述梵净山是如何形成的；阐述梵净山的地形地貌，结合梵净山垂直自然带分布图，解释为何梵净山能够成为动植物宝贵的生物基因避难所，并提出梵净山保护建议；在参观体验景区后对绿色生态旅游、保护自然资源、造福山地民众之间的认识及自身的感受。

八、注意事项

（一）带队教师出发前做好安全和环境保护教育，宣讲野外防护基础知识，叮嘱各小组携带常规药品（如防蚊虫叮咬类药物），强调切不可在景区乱扔垃圾，发现有垃圾要及时捡起放到垃圾箱，要遵守纪律，不擅自离队。

（二）各小组组长要认真履行职责，确保组内成员无走散情况。有纪律有组织地开展活动，活动时要团结协作、相互关心，时刻保障自身安全。

（三）带队教师明确活动具体区域，告知学生安全区域与禁行区域，以及在野外行走、攀爬的安全注意事项。若在开展活动时发生预料之外的事故，应第一时间处理，将危险降至可控范围内，并及时将情况上报学校领导。

（四）带队教师详细审查学生身体健康状况，对不适宜参加活动的学生做好思想工作，并对其家长做好解释，劝阻其参加本次活动。

九、过程记录

活动目标	（一）阅读梵净山生态文明相关文件，关注梵净山生态文明建设进展，响应国家号召，牢固树立生态文明理念，积极投身生态文明建设。 （二）知道梵净山形成的地质过程。 （三）认识梵净山植物多样性。 （四）通过分析梵净山的地质地貌，明白梵净山能够入选世界自然遗产的原因。
过程记录	

3. 黄果树瀑布生态文明实践活动

一、活动背景

水作为地球的生命之源，使得我们蔚蓝色的星球显得那么与众不同，水不仅孕育了人类生命，更深刻影响着人类文明的兴衰。但值得关注的是，地球表面虽然大部分是水，但是在所有水资源中，陆地淡水资源仅占2.5%左右，而目前能被人类直接利用的液态淡水只占全球淡水资源的0.3%。可见，现如今世界水资源短缺问题严重，亟须大力推进水生态文明建设。

水生态文明建设是生态文明建设的根本，而水资源的永续发展必须以节约利用水资源和保护水资源为基础，所以，作为青年学子，我们更应该积极投身于水资源保护中，同时利用所学知识去净化淡水资源，以增加水资源利用率。

二、活动目标

（一）能说出水质检测的指标和国家检测标准，实地检测水质，明白水质检测的重要性。

（二）知道水源净化的方法，能够自制简易的净水器，增加对污水处理的认识。

（三）通过对自来水进行检测，明白喝生水的危害，增强健康生活的意识。

（四）明白水资源的重要性，提升爱水、护水、节约用水的意识。

（五）分析黄果树瀑布周围环境，提出适用于黄果树瀑布旅游区的水环境治理策略，培养科学探究的意识和能力。

三、活动内容

（一）研学实践

黄果树瀑布简介

黄果树瀑布位于贵州省安顺市镇宁县内，是著名的喀斯特瀑布，瀑布高度为77.8米，其中主瀑高67米，瀑布宽101米，其中主瀑顶宽83.3米，是中国最大的瀑布。它于1982年成为第一批国家级重点风景名胜区，1999年被评为全国科普教育基地，2007年被评为全国首批国家AAAAA级旅游景区。

"道道彩虹飞镶其间，茫茫瀑水交相辉映"——黄果树瀑布 摄影：刘婷婷、张丽

  作为贵州的一大名片，壮丽的黄果树瀑布自呈现于世人眼中以来，就发挥着重要作用。从近年安顺的发展来看，对黄果树瀑布进行合理的开发带动了当地经济的发展，缓解了就业的压力，稳定了人民的生活，同时因其具有极高的审美价值和科普教育功能，所以也是很多文人墨客寻找创作源泉以及学校开展生物学、地理学等学科实践活动的好去处。

"翻岩喷雾，溪皆如白鹭群飞"——黄果树瀑布 摄影：刘婷婷

（二）科学实践

在教师引导下，用相关水质检测仪器检测黄果树瀑布水质，进而评判旅游区水质的优劣程度，同时用相关水源净化材料制作简易净化装置，净化黄果树瀑布的水样。此外，根据水质检测结果，观察分析黄果树瀑布周围环境，提出适用于黄果树瀑布旅游区的水环境治理策略。

四、活动地点

贵州省安顺市镇宁布依族苗族自治县。

五、人数分组

每4人一组。

六、VIPP 实践活动步骤

（一）走进黄果树瀑布

1. 在学校预先做好的准备

年级组：与研学地相关人员做好研学对接工作，预订出行所需车辆，组织教师会议，明确参与活动教师需要负责的工作，提示教师对学生进行安全教育和环境保护教育等。

班主任：分组，确定小组组长，明确此次出行目的，准备水质检测相关器材，培训仪器操作流程，下发安顺市黄果树瀑布研学指南，其中内附出行路线、黄果树瀑布发展历史、水资源现状等相关资料，同时进行安全教育和环境保护教育。

学生：出发前自行了解黄果树瀑布旅游区、水质检测及水源净化实践操作的相关知识，运用所学知识解释瀑布的形成原因，并提前查询安顺近期天气情况，带好随行所需物品。

2. 参观考察

各组在相关人员的带领下参观黄果树瀑布，在观赏之际，认真聆听相关人员介绍瀑布发展史，咨询黄果树瀑布生态环境保护措施及水质治理措施，或自行询问其他想知道的相关问题，且利用所准备的工具做好记录、录音和摄影摄像等相关工作。

（二）小小环境工程师——水质监测+水源净化

人类的生活离不开清澈明亮的水，水质的好坏与我们的健康密切相关。在未经过处理的水中存在着颇多的细菌等微生物，这些病原微生物可来源于空气、土壤、生活垃圾、工业污水、动植物尸体等，若人类长期饮用或者接触这类受到污染的不合格的水，会引发各种疾病甚至死亡。在纪录片《恒河的悲鸣》中就有所体现：印度平均每天有4800人因喝受污染的恒河水而死亡。[①] 因此，为保证我们的身心健康，学会检测生活中的水体质量并对水源进行净化处理是势在必行的。

那么如何鉴别我们所喝的水的质量呢？在生活中我们可以通过看、闻、查等简单的方式来判别所喝水的优劣。例如，看：我们可以用透明的玻璃杯装一杯水，然后让其静置一段时间，看玻璃杯底部是否有沉积物堆积，如果有，说明家中水的悬浮杂质有所超标；闻：接一杯水，然后嗅一下水中是否有漂白粉的气味，若有，说明水中的余氯超标；查：检查家中用了一段时间的热水器、热水壶，看它们内部是否有水垢的产生，若有，说明水中有碳酸钙等物质的生成，表明水的硬度过高，长期饮用硬度过高的水会得各种结石。

除了简单地进行看、闻、查之外，我们还可以通过一些精密的仪器来检测水样，以获得更加准确的结果。检测完水质后，我们要对劣质水进行水源净化，以提高水资源的利用率。接下来，让我们一起来学习一下如何进行水质检测和水资源净化吧！

1. 水质检测

（1）材料器具：一套水质检测工具箱（主要用于检测色度、浑浊度和菌落总数）、粗绳、小水桶、烧杯若干、玻璃棒若干、pH试剂（内附pH酸碱度比色卡）、水样1：纯净水、水样2：自来水、水样3：黄果树瀑布水。

（2）水样pH酸碱度检测

①采集水样：用粗绳拴住小水桶取得黄果树瀑布水样，然后用矿泉水

[①] 纪录片《恒河的悲鸣》https://www.bilibili.com/video/av13551549/

瓶分装，每组各一瓶。

②检测：取 3 个干净的烧杯，分别加入适量的水样 1、水样 2 和水样 3，然后向 3 个烧杯中加入 pH 试剂，用玻璃棒搅拌摇匀，观察 3 个烧杯中水的颜色变化，然后对比 pH 酸碱度比色卡，分别记录水样 1、2、3 的 pH 酸碱度。

检测水样 1、2、3 的色度、浑浊度和菌落总数，直接按照仪器操作步骤测定并记录于后文中的水质检测反馈表内。

2. 水源净化——制作水源净化简易装置

（1）工作原理

用纱布和卵石过滤一些大的不溶性物质，石英砂过滤小的固体物质，用活性炭吸附水中的色素和臭味，蓬松棉吸附颗粒很小的不溶性物质以达到净化效果。

（2）材料

塑料瓶（可以装水的方便扎洞的容器均可）、纱布、蓬松棉、小刀、清洗过的石英砂、卵石和活性炭。注：若没有活性炭也可用普通的木炭来代替，只是木炭的吸附效果没有活性炭好，所以用木炭的话需多过滤几次。

（3）步骤

①把塑料瓶底部割去，然后在瓶盖上钻几个小孔，以便水可以流出。

②用纱布把活性炭、石英砂、卵石包起来，目的是防止卵石或沙子或活性炭在水的浮力下飘起来。

③将瓶子倒置，即是瓶盖向下，按顺序从下至上依次放入蓬松棉→活性炭→沙子→卵石，这样一个简易的净水装置就制作完成了。

3. 对比黄果树瀑布的水样经过水源净化后水的色度、浑浊度、菌落总数、嗅和味、肉眼可见物以及 pH 酸碱度的变化，完成如下水质检测反馈表。

水质检测反馈表

未经水源净化的黄果树瀑布水样检测（以下简称"初水样"）

水质检测 1——色度、浑浊度和菌落总数检测

水样 3（初水样）呈现（　）颜色，透明度（透明 / 浑浊或不透明），（有 / 无）刺激性气味，（有 / 无）悬浮在水中的微小生物。

色度检测

水样 1：纯净水的色度值：

水样 2：自来水的色度值：

水样 3：初水样的色度值：

浑浊度检测

水样 1：纯净水的浑浊度：

水样 2：自来水的浑浊度：

水样 3：初水样的浑浊度：

菌落总数检测

水样 1：纯净水的菌落总数：

水样 2：自来水的菌落总数：

水样 3：初水样的菌落总数：

我国国家水质检测标准：

国家标准水体的色度不能超过（　）度，且水体不能呈现出奇怪的颜色。

国家标准水体的浑浊度不能超过（　）度。

嗅和味：不能有异臭异味。

不得含有肉眼可见物。

水质检测 2——pH 酸碱值

1. 水样 1：纯净水的 pH 酸碱度：

　水样 2：自来水的 pH 酸碱度：

　水样 3：初水样的 pH 酸碱度：

2. 我国国家标准水体的 pH 酸碱度是

经过水源净化后的黄果树瀑布水样检测（以下简称"净水样"）

水质检测 3——色度、浑浊度和菌落总数检测

1. 净水样呈现（ ）颜色，与初水样对比，透明度（透明/基本不变），刺激性气味（减弱/基本不变），悬浮在水中的微小生物（减少/基本不变）。

2. 色度检测

净水样的色度值：

3. 浑浊度检测

净水样的浑浊度：

4. 菌落总数检测

净水样的菌落总数：

水质检测 4——pH 酸碱值

净水样的 pH 酸碱度：

> **总结**
> 观察初水样和净水样在水质检测指标上的变化，并将初水样、净水样与自来水和纯净水进行对比分析，明白喝生水会对人体产生一定的危害以及水资源净化的重要性。

七、活动评估

实践结束后，主要从以下几方面来综合评估实践效果：

（一）通过小组实地调查报告来评估研学调查结果。小组实践报告由小组成员共同完成，反映小组观察和体验实地调查的过程和结果。报告要体现出小组成员在参观完黄果树瀑布和进行水质检测、水源净化的基本操作后的心得，其中要讲明对水质检测、水源净化的认识。

（二）通过对比各组用自制的简易净水器净化黄果树瀑布水样后的净水程度以及水质检测反馈表的完成度来评价实践效果。

八、注意事项

（一）带队教师出发前跟黄果树瀑布旅游区相关负责人员沟通说明本

次出行目的，双方做好对接工作。

（二）带队教师要教导学生养成安全隐患防范和环境保护意识，强调在景区中尤其在水边要注意安全，同时在经过瀑布水溅湿的地面时，注意路滑，不要摔跤；要遵守纪律，不擅自离队。

（三）各小组组长要认真履行职责，确保组内成员无走散情况。有纪律有组织地开展活动，活动时要团结协作、相互关心，时刻保障自身安全。

（四）带队教师明确活动具体区域，告知学生安全区域与禁行区域，以免发生意外事件，尤其注意在水边的安全，若在开展活动时发生预料之外的事故，应第一时间处理，将危险降至可控范围内，并及时将情况上报学校领导。

（五）带队教师要详细审查学生身体健康状况，对不适宜参加活动的学生做好思想工作，并对其家长做好解释，劝阻其参加本次活动。

（六）嘱咐学生带好手机，以便于联系。

九、过程记录

活动目标	（一）能说出水质检测的指标和国家检测标准，实地检测水质，明白水质检测的重要性。 （二）知道水源净化的方法，能够自制简易的净水器，增加对污水处理的认识。 （三）通过对自来水进行检测，明白喝生水的危害，增强健康生活的意识。 （四）明白水资源的重要性，提升爱水、护水、节约用水的意识。 （五）分析黄果树瀑布周围环境，提出适用于黄果树瀑布旅游区的水环境治理策略，培养科学探究的意识和能力。

过程记录	

4. 茂兰国家级自然保护区生态文明实践活动

一、活动背景

茂兰是中国南方喀斯特世界自然遗产的核心区区域，在保护区内，喀斯特地貌随处可见，峰峦连绵，溪流交织，郁郁葱葱的原生树林，无不展现了喀斯特森林自然环境的和谐统一，在同纬度上，茂兰有着独一无二的生态奇观。

茂兰喀斯特森林作为目前世界上仅存的一片面积最大、分布集中、原生性最强、保存最完好的喀斯特森林生态系统，其在世界植被中占据重要地位，有着重大的保护和科学研究价值。

二、活动目标

（一）参观茂兰保护区自然教育基地，了解动物的形态特征及生活习性，初步识别保护区内的国家一、二级保护动物。

（二）通过调查茂兰保护区内的植物，了解植物的形态特征及生活习性，能够识别保护区内的国家重点保护植物。

（三）阐述喀斯特森林地貌景观特征，并能够识别茂兰保护区内的地貌景观。

（四）通过本次活动了解保护区内生物的基本概况，意识到森林生态系统及保护生物多样性的重要性。

（五）在活动过程中亲近大自然，感受大自然的美好，进而增强热爱家乡的情感。

三、活动内容

（一）研学实践

茂兰国家级自然保护区简介

茂兰保护区位于贵州省荔波县境内，总面积达两万多公顷，分为核心区、缓冲区和实验区3个区。茂兰保护区作为喀斯特森林生态系统，主要保护境内的珍稀濒危野生动植物，并且其于1988年被评为国家级自然保护区，1996年成为世界生物圈保护区，2007年被列入世界遗产名录，2011年被评为贵州省生态文明教育基地。[1]

蜿蜒起伏，群山如画——茂兰喀斯特锥状峰丛 摄影：陈东升

峰丛林立，夕落余晖映山红——茂兰喀斯特锥状峰丛 摄影：韦永达（荔波）

---

[1] 贵州茂兰国家级自然保护区官网 http://www.gzmaolan.cn/search.jsp

茂兰保护区自然生态资源丰富，拥有88.61%的森林覆盖率，据初步研究结果显示：保护区内有31种国家重点保护植物，有单性木兰、单座苣苔、掌叶木等6种国家一级保护植物，有82种国家二级保护植物；有

单性木兰雄花 摄影：覃龙江

白颈长尾雉等9种国家一级保护动物，有白鹇等76种国家二级保护动物。

茂兰保护区还开设有一个大型的教育基地，用来给学生开展研学课堂，该教育基地设施齐全，内含先进的宣教楼、展示厅、标本室、实验基地、实验室等，宣教设施设备也是多种多样。也正是因为茂兰保护区内丰富的动植物资源和完备的教育设施，为中小学生开展动植物科普、制作植物标本、识别野生动物等生态文明教育实践活动提供了理想之地。

（二）调查实践

观察茂兰保护区内的动物，调查保护区内的国家重点保护植物，描述、记录动植物的形态特征、生活习性等，进而初步识别保护区内独具特色的珍稀植物和动物。

基于大单元视角的普通高中生态文明教育 VIPP 实践活动　＞＞＞

白花兜兰　摄影：熊志斌 　　麻栗坡兜兰　摄影：陈正仁 　　天贵卷瓣兰　摄影：蒙惠理

树蛙　摄影：邓碧林 　　　　　　　　　库氏棘腹蛛　摄影：邓碧林

细痣疣螈　摄影：付贞仲 　　　　　　　白足扇螅　摄影：兰洪波

四、活动地点

贵州省黔南布依族苗族自治州荔波县。

五、人数分组

每 4 人一组。

六、VIPP 实践活动步骤

（一）了解茂兰喀斯特森林的野生动植物

参观茂兰国家自然保护区教育基地，了解保护区内生物的基本概况，观看教育基地内陈列的野生动植物标本及其他内容，了解动植物的生活习性及形态特征，初步认识保护区内的珍稀动植物，意识到保护生物多样性的重要性。

（二）探秘茂兰国家级自然保护区

1. 在学校预先做好的准备

年级组：出发前跟茂兰保护区相关负责人员沟通说明本次出行目的，双方做好对接工作。预订出行所需车辆，组织教师会议，明确参与活动教师需要负责的工作，提示教师对学生进行安全教育和环境保护教育等。

班主任：分组，确定小组组长，明确此次出行目的，下发茂兰保护区出行指南，其中内附出行路线、景区介绍等相关资料，同时进行安全教育和环境保护教育，并准备好茂兰保护区植物调查表。

学生：出发前查询了解茂兰喀斯特森林的功能、喀斯特森林地貌景观特征、茂兰保护区内的生物等相关知识，并提前查询荔波县近期天气情况，带好随行所需物品。

2. 参观调查

各组明确组内成员分工后，在引导员带领下参观茂兰保护区，在观赏之际，认真聆听引导员介绍保护区的发展史，讲解保护区内各珍稀保护植物的历史、形态特征、生长环境和用途等内容，并利用所准备的工具做好记录、录音和摄影摄像等相关工作。在摄像时要注重拍摄植物的花朵、叶片、种子及果实等器官。而后及时填写茂兰保护区植物调查表，重点观察记录保护区内的国家重点保护植物，对于不认识的植物可以先拍照标记，以便后期查询。

茂兰保护区植物调查表

序号	植物图片	植物名称	学名	科属	形态特征	生活习性	层次（草本、灌木、乔木等）	用途（供观赏、做药材等）
1								
2								
3								
4								
5								
……								

调查人：_____．　　　调查时间：_____．

在沿途参观过程中，也需注意观察并拍摄喀斯特森林中的各种小动物，了解茂兰喀斯特森林动物的生活习性及形态特征，加深对保护区内动物的认识。在时机巧合且条件允许的情况下，也可以让专业人员带领学生去探寻、观察保护区内的野生珍稀动物。

3. 识别茂兰保护区内的喀斯特森林地貌景观

茂兰喀斯特森林地貌形态各异，奇美壮观，可简单分为四种：漏斗、洼地、盆地及槽谷森林。

运用所学地理知识，结合所查询的资料及专业人员对茂兰保护区喀斯特森林地貌景观的介绍，在掌握喀斯特森林地貌景观特征的基础上，识别茂兰保护区内的地貌景观。

七、活动评估

实践结束后，主要从以下几方面来综合评估实践效果：

（一）组内各成员的实地调查过程记录，以及在该过程记录基础上总结出的小组调查报告，该报告要反映小组的实地调查过程和收获，并以

PPT 的形式提交。PPT 内容包括：对茂兰喀斯特森林的生物多样性的认识、在参观体验保护区后对绿色生态旅游、喀斯特森林生态系统的功能以及保护生物多样性重要性的认识。

（二）小组所制茂兰保护区植物调查表的科学性及可用性。

（三）是否能够结合植物的形态特征、生活习性，识别保护区内至少 10 种国家重点保护植物。

（四）是否能够结合动物的生活习性及形态特征等，识别保护区内至少 10 种国家一、二级保护动物。

（五）是否能够结合喀斯特森林地貌景观特征，识别茂兰保护区内的地貌景观。

八、注意事项

（一）带队教师出发前做好安全和环境保护教育，宣讲野外防护基础知识，携带常规药品（如防蚊虫叮咬类药物）。

（二）各小组组长要认真履行职责，确保组内成员无走散情况。有纪律有组织地开展活动，活动时要团结协作、相互关心，时刻保障自身安全。

（三）带队教师要明确活动具体区域，告知学生安全区域与禁行区域，尤其在山路和水边时要注意安全，以免发生意外事件，若在开展活动时发生预料之外的事故，应第一时间处理，将危险降至可控范围内，并及时将情况上报学校领导。

（四）带队教师要详细审查学生身体健康状况。对不适宜参加活动的学生做好思想工作，并对其家长做好解释，劝阻其参加本次活动。

（五）嘱咐学生带好手机，以便于联系。

九、过程记录

活动目标	（一）参观保护区自然教育基地，了解动物的形态特征及生活习性，初步识别保护区内的国家一、二级保护动物。 （二）通过调查茂兰保护区内的植物，了解植物的形态特征及生活习性，能够识别保护区内的国家重点保护植物。 （三）阐述喀斯特森林地貌景观特征，并能够识别茂兰保护区内的地貌景观。 （四）通过本次活动了解保护区内生物的基本概况，意识到森林生态系统及保护生物多样性的重要性。 （五）在活动过程中亲近大自然，感受大自然的美好，进而增强热爱家乡的情感。
过程记录	

5. 万峰国家湿地公园生态文明实践活动

一、活动背景

2005年时任浙江省委书记的习近平同志在浙江安吉县余村考察时，提出绿水青山就是金山银山的重要论断。

在这17年期间，贵州积极响应中央号召，矢志不渝践行"两山"理念，黔西南州自2015年以来连续5年成功举办了五届国际山地旅游暨户外运动大会，万峰林街道在2019年荣获"两山"实践创新基地的荣誉称号，完美将山地生态旅游与经济发展相结合，实现自然与人文相映生辉、发展与生态相辅相成，生动诠释了"两山"论断的深刻内涵，走出了一条生态优先、绿色发展的小康之路。

二、活动目标

（一）欣赏万峰林风景区山水林田湖的自然景观，感受大自然的美好，增强热爱家乡的情感。

（二）参观布依八音堂，体验少数民族的风土人情，领略少数民族的文化与传统。

（三）参观兴义国家地质公园博物馆，掌握化石修复原理，能够采集、修复化石并自制化石模型。

（四）通过亲手采集、修复化石，明白化石修复工作的不易。

三、活动内容

（一）研学实践

万峰国家湿地公园简介

万峰国家湿地公园位于贵州省兴义市，总面积为 3755 公顷，是国内最大、最具典型性的喀斯特峰林，先后荣获"国家重点风景名胜区""中国最美的五大峰林"等荣誉称号。

"天下山峰何其多，唯有此处峰成林"——贵州兴义万峰国家湿地公园
摄影：张丽

　　万峰林作为全球锥状喀斯特地貌发育演化过程最为完整的范例，其湿地景观共分为三重景观，远景呈现的是气势磅礴的峰丛地貌景观，中景展现的是峰林洼地景观，近景呈现的是峰林盆地稻田湿地景观。在稻田湿地景观中，万峰林中的"八卦田"最具特色，这些稻田都是天然形成的农田，近年来，这些田野中都会种植油菜，因万峰林油菜花开时间比其他地方要早一些，所以每年的 2—3 月上旬是观赏万峰林油菜花的最佳赏花时间。

"万峰林下插秧忙,稻田风景别样美"——万峰林稻田景观 摄影:刘婷婷、张丽

兴义市少数民族约占总人口的21%,主要分布有汉、布依、苗、彝、回等民族,在万峰国家湿地公园内社区以布依族为主。布依族多为聚居,民族文化风情浓郁,他们的音乐、舞蹈、节日、风俗等都独具魅力,其中,布依族的"八音坐唱"素有"声音活化石"之称,在万峰林乡愁集市中就坐落着布依八音堂,在这里,你可以欣赏到扎染、刺绣、八音等民俗表演;此外布依族人民传统节日众多,且多为原始自然崇拜,具体表现在众多的节日庆典和丰富的祭祀活动中,如"三月三""六月六"等;布依族民族特色饮食也很丰富,他们喜食糯食,喜欢食用数种花和树叶染制而成的糯米饭,还喜欢自制糯米甜酒、五色糯米饭、马脚杆粽粑、糍粑、褡裢粑等。

(二)科学实践

到兴义市乌沙泥麦古化石原位保护馆采集化石残片,到兴义国家地质公园博物馆体验化石修复及化石模型制作。

兴义国家地质公园博物馆位于兴义市乌沙镇,建筑面积达3883平方米,于2018年4月正式投入使用,内设有展厅、多媒体演示厅、化石修复实验室、衍生品售卖区及公共阅读区等多个区域。该博物馆内主要采用浮雕、数字多媒体、仿真模型和立体展板等多元形式介绍兴义的动物群、兴义地质公园景观及当地特色文化等内容。

感受地质文化，守护地球印记——兴义国家地质公园博物馆 摄影：张丽

博物馆主厅的第一个展品展示的是一条生活在 2.4 亿年前海洋中的胃内有残留物的爬行动物——贵州鱼龙。从化石可以看出，该鱼龙的胃部有凸起且它的头和身体明显分开，这一特征向我们揭示了它的死因。经研究人员检测分析表明，鱼龙胃内的残留物是一条四米长的新铺龙，在鱼龙死前它的咽喉已经因多种原因导致破裂，也许是它在吞食新铺龙时被巨大的新铺龙身体卡住喉咙，也许是在与新铺龙搏斗时，新铺龙扭动的身体造成了鱼龙身体断裂，但是这只被吞噬的新铺龙骨骼清晰，显然没有受到胃酸腐蚀，说明鱼龙在进食后不久便死亡了。以前研究人员根据鱼龙体型推测鱼龙只捕食菊石或鱼等小型生物，而这块化石却极好地证明了鱼龙也可以抓捕并吞食和它身形相当的大型猎物，可以说这块化石奠定了鱼龙物种作为三叠纪顶级捕食者的地位，具有特殊的意义。

貴州鱼龙原始化石 摄影：张丽

博物馆内的展厅分为6个篇章呈现，在兴义国家地质公园景观和人文景观两篇章中，主要通过展板介绍特色景点、民族风俗，利用仿真模型特别展示了当地极具特色的小木屋。其他篇章则是通过陈列形形色色的化石及展板介绍兴义的动物群及其多样性、海生动物下海的原因及演变历程、兴义动物群与华南其他三叠纪海生爬行动物群的关系等内容。

小木屋 摄影：张丽 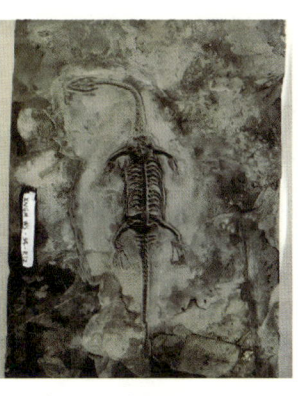　　贵州龙 摄影：张丽 　　兴义亚洲鳞齿鱼 摄影：张丽

康氏雕甲龟龙 摄影：张丽　　海百合 摄影：张丽

恐龙蛋 摄影：张丽　　花纹菊石 摄影：张丽　　狼鳍鱼 摄影：张丽

四、活动地点

贵州省黔西南州兴义市万峰林、兴义市乌沙镇。

五、人数分组

每4人一组。

六、VIPP 实践活动步骤

（一）走进万峰林

1. 在学校预先做好的准备

年级组：与万峰林景区、兴义国家地质公园博物馆相关人员做好研学对接工作，预订出行所需车辆，组织教师会议，明确参与活动教师需要负责的工作，提示教师对学生进行安全教育和环境保护教育等。

班主任：分组，确定小组组长，明确此次出行目的，下发万峰林、地质公园博物馆研学指南，其中内附出行路线、万峰林风景区、博物馆介绍等相关资料，同时进行安全教育和环境保护教育。

学生：出发前自行了解万峰林风景区、化石采集及修复等相关知识，并提前查询兴义市近期天气情况，带好随行所需物品。

2. 参观考察

各组在引导员带领下参观万峰林风景区，领略峰丛景观及稻田景观的魅力，并认真聆听引导员介绍风景区的发展史，调查了解近年来在此举办的国际山地旅游大会情况。而后参观独具民族特色的布依八音堂，体验布依族传统的农耕文化，感受布依八音的魅力。同时在参观过程中要利用所准备的工具做好记录、录音和摄影摄像等相关工作。

（二）探秘贵州龙，开启化石之旅

在解说员带领下参观兴义国家地质公园博物馆，观赏化石实物展览，聆听解说员讲解6个展厅的内容，了解关于古生物学和地质学的基本知识，知道贵州龙不是恐龙以及贵州龙化石是如何形成的，知晓化石的由来、化石的价值及意义。

去乌沙泥麦古化石原位保护馆采集化石残片后，再回到博物馆，听专业人员讲解如何修复化石以及如何制作化石模型。掌握了化石修复原理后，利用相关工具修复化石，并根据实际化石一比一制作化石模型，展示自制的古生物工艺品，感受生命的演化。

七、活动评估

实践结束后，主要从以下几方面来综合评估的实践效果：

（一）组内各成员的实地考察过程记录，以及在该过程记录基础上总结出的小组考察报告，该报告要反映小组实地观察和体验的过程和收获，并以PPT的形式提交。PPT内容包括化石的概念、特征、化石修复的原理以及采集、修复化石后的体会，在参观体验万峰林风景区后对绿色生态旅游、布依族传统文化的认识。

（二）小组采集和修复化石标本的科学性。

（三）古生物化石工艺品的完成度及美观度。

八、注意事项

（一）教师要教导学生养成安全隐患防范和环境保护意识，强调切不可在景区乱涂乱画、乱扔垃圾，不可随意触摸破坏博物馆中的化石，在参观过程中如果看到地上有垃圾要及时捡起，要遵守纪律，不擅自离队。

（二）各组长要认真履行职责，确保组内成员无走散情况。有纪律有组织地开展活动，活动时要团结协作、相互关心，时刻保障自身安全。

（三）教师要明确活动具体区域，告知学生安全区域与禁行区域，以免发生意外事件。教师在引导学生过马路时，要严格遵守交通安全规章制度，走人行道，不乱行，不扰人。若在开展活动时发生预料之外的事故，应第一时间处理，将危险降至可控范围内，并及时将情况上报学校领导。

（四）教师要详细审查学生身体健康状况，对不适宜参加活动的学生做好思想工作，并对其家长做好解释，劝阻其参加本次活动。

（五）嘱咐学生带好手机，以便于联系。

九、过程记录

活动目标	（一）欣赏万峰林风景区山水林田湖的自然景观，感受大自然的美好，增强升热爱家乡的情感。 （二）参观布依八音堂，体验少数民族的风土人情，领略少数民族的文化与传统。 （三）参观兴义国家地质公园博物馆，掌握化石修复原理，能够采集、修复化石并自制化石模型。 （四）通过亲手采集、修复化石，明白化石修复工作的不易。
过程记录	

6. 织金洞世界地质公园生态文明实践活动

一、活动背景

贵州省作为唯一一个没有平原的地区，喀斯特地貌在贵州随处可见，在这样的环境下，治理、恢复喀斯特地域并最大化利用喀斯特资源，是贵州省生态文明建设的一项重大任务。2021年，在贵阳召开的生态文明国际论坛上，参会的嘉宾就"喀斯特生态环境与资源利用"话题展开了讨论，同时也提出了对喀斯特区域进行保护、整治、恢复和可持续发展的系统方法，致力于促进地区经济社会发展和资源环境协调共进。

织金洞就是典型的喀斯特地貌，其洞内地质遗迹丰富多彩，形成了一种以溶洞、峡谷、天生桥、天坑为核心的高原型喀斯特自然景观，同时作为贵州省内唯一的世界地质公园，它在保存地质遗迹、发展区域经济、促进地学科研等各方面都慢慢地凸显出重要的综合效益。织金洞良好的发展也为我们进一步开发利用喀斯特地域提供了借鉴和参考。

二、活动目标

（一）通过实验操作及视频学习，掌握溶洞、钟乳石、石笋、石柱的形成原理。

（二）基于理论与实践，能够提出适宜织金洞旅游可持续发展的策略。

（三）通过实验探究溶洞和钟乳石、石笋、石柱的形成，激发探索之心，提升科学探究能力。

（四）通过在织金洞收集的资料和图片，小组合作报告景区如何实现生态旅游可持续发展以及自己对溶洞文化的认识和此行的感受，进而培养热爱家乡的情感。

三、活动内容

研学实践

（一）织金洞景区简介

织金洞坐落于贵州省织金县官寨苗族乡，它是我国目前为止探明的一个规模宏大、形状奇异的溶洞资源库，洞内的碳酸盐含量高达90%以上，溶洞内保存着我国目前已发现的规模非常大、发育很完备的喀斯特地貌。

织金洞早在1980年就被发现，1985年便开始对外开放，在开放之后，织金洞相继荣获众多荣誉称号，其中，在2006年，织金洞被列入国家自然遗产名录；2008年被评为国家AAAA级景区；2013年被评为"最美地质公园"；2015年被正式批准加入世界地质公园网络中心，一举成为贵州省首个世界地质公园，打响了"生态贵州"的名号。

织金溶洞景区洞体共分四层，目前已勘察总长12.1千米，洞腔内最宽跨度为175米，最大相对高度为150米，一般的高宽范围都在60~100米之间，总面积70余万平方米，共规划为迎宾殿、塔林宫、灵霄殿、十万大山等12个大殿，有着特殊的地质遗迹特征和高度的美学价值。

霸王盔 摄影：刘婷婷

琵琶宫 摄影：刘婷婷

（二）溶洞的价值

1. 经济价值

织金洞作为目前贵州唯一一家世界地质公园，具有良好的自然生态环境、厚重的历史文化底蕴，众多游客都被这样优渥的条件吸引而来，丰富的旅游资源带动了当地经济的发展。

2. 科普价值

历经漫长的历史演变，织金洞内穿插着多种多样的岩溶地质遗迹形态类型，洞中空间造型奇特，几十种堆积物遍布其中，在洞内随处可见石笋、石柱、石芽和钟旗等各类沉积物，因此，织金洞是目前世界上独一无二的、珍奇形态最多的、钟乳石分布最广、类型最丰富的洞穴。此外，织金洞更是远近闻名的"洞穴天堂"，其内还拥有着分布密度最大的洞穴大厅，其中千姿百态的岩溶景观，具有"大""奇""全"的特点，可谓是为人类科普、研学而量身打造的岩溶博物馆。

四、活动地点

贵州省毕节市织金县官寨苗族乡。

五、人数分组

每4人一组。

六、VIPP 实践活动步骤

（一）了解溶洞小知识

在去织金洞之前，教师要提前给学生讲解关于溶洞、钟乳石、石笋、石柱的形成原理和其中所涉及的相关化学现象，通过播放溶洞、钟乳石、石笋、石柱的形成视频和学生自行模拟操作溶洞、钟乳石、石笋、石柱的形成实验，让学生深刻了解我们即将去实地探索的内容，并完成溶洞研学任务单。

溶洞研学任务单
1. 模拟溶洞形成实验 （1）实验器材：滴管、稀盐酸、石灰石 （2）实验方法：用滴管滴几滴稀盐酸在石灰岩上 （3）实验现象：____；其中所涉及的化学反应式：____；这说明：____；由此可得出溶洞的形成原理：____。
2. 探究钟乳石、石笋、石柱的成因 （1）实验器材：烧杯、吸管、澄清石灰水 （2）实验方法及现象：用吸管往澄清石灰水中吹气，现象为：____；其中所涉及的化学反应式：____；再继续向其中吹气，现象为：____；其中所涉及的化学反应式：____；接着把该溶液放置一段时间，随着周围温度的变化，现象为：____；其中所涉及的化学反应式：____； 由此，可得出钟乳石、石笋的形成原理：____；溶洞中的水沉积在洞顶，形成的是：____；沉积在洞底，形成的是：____和____连在一起形成石柱。
3. 视频总结 通过播放视频，让学生更加直观地了解溶洞和钟乳石、石笋、石柱的形成过程。

（二）探秘织金洞

1. 在学校预先做好的准备

年级组：出发前跟织金洞旅游区相关负责人员沟通说明本次出行目的，双方做好对接工作。预订出行所需车辆，组织教师会议，明确参与活动教师需要负责的工作，提示教师对学生进行安全教育和环境保护教育等。

班主任：分组，确定小组组长，明确此次出行目的，下发毕节市织金洞研学指南，其中内附出行路线、织金洞景区介绍等相关资料，同时进行安全教育和环境保护教育。

学生：出发前查询了解织金洞的相关知识，并提前查询毕节近期天气情况，带好随行所需物品。

2. 参观考察

各组在相关人员的带领下参观溶洞奇景，在观赏之际，认真聆听相关人员介绍织金洞的发展史、政府管理景区所实施的措施，询问溶洞内的景观前后是否有过受损现象，若有是什么原因造成的，有没有具体的检测数据表及分析报告，政府或景区管理人员针对这些现象，提出并实施了哪些方案以降低景观的受损度，以及实现旅游可持续发展的其他相关问题，同时倾听专业人员普及相关地质科学知识，了解钟乳石、石笋、石柱等的形成，结合实验进行有根据的验证，有效促进书本知识与社会实践的深度融合。

（三）问题解决小能手

通过上述的实验操作及视频学习，掌握溶洞、钟乳石、石笋、石柱的形成原理，再根据溶洞、钟乳石等的形成原理及景区内相关人员的陈述，从二氧化碳浓度、温度、湿度改变等自然因素和超载经营、游客保护意识不强等人为因素方面综合分析可能会对织金洞穴生态环境状况造成损害的因素，并据此提出有利于织金洞旅游区可持续发展的策略。在有条件的情况下，可自行通过其他方式到互联网上查找关于溶洞的发展策略等相关资料，结合织金洞现有的条件，更全面地分析解决问题。

七、活动评估

实践结束后，主要从以下几个方面来综合评估实践效果：

（一）组内实验操作的科学性。

（二）小组研学任务单的完成度。

（三）是否能顺畅介绍溶洞、钟乳石等的形成原理。

（四）组内各成员的实地考察过程记录，以及在该过程记录基础上总结出的小组考察报告，该报告要反映小组实地观察和体验的过程和收获，并以 PPT 的形式提交。PPT 内容包括：结合研学地特点及所见所闻，阐述发展与生态之间的关系以及对溶洞文化的认识。

（五）能够将理论与实践相结合，在参与织金洞研学后，能有理有据地分析出影响织金洞内景观的因素，并能在此基础上提出适宜织金洞发展的策略。所有小组在集中研讨时需当众汇报该内容。

八、注意事项

（一）教师要教导学生养成安全隐患防范和环境保护意识，强调切不可随意触摸、破坏溶洞，不能在溶洞中乱扔垃圾，在参观过程中如果看到地上有垃圾要及时捡起，要遵守纪律，不擅自离队。

（二）各组长要认真履行职责，确保组内成员无走散情况。有纪律有组织地开展活动，活动时要团结协作、相互关心，时刻保障自身安全。

（三）教师要明确活动具体区域，告知学生安全区域与禁行区域，以免发生意外事件。教师在引导学生过马路时，要严格遵守交通安全规章制度，走人行道，不乱行，不扰人。若在开展活动时发生预料之外的事故，应第一时间处理，将危险降至可控范围内，并及时将情况上报学校领导。

（四）教师要详细审查学生身体健康状况。对不适宜参加活动的学生做好思想工作，并对其家长做好解释，劝阻其参加本次活动。

（五）嘱咐学生带好手机，以便于联系。

九、过程记录

活动目标	（一）通过实验操作及视频学习，掌握溶洞、钟乳石、石笋、石柱的形成原理。 （二）基于理论与实践，能够提出适宜织金洞旅游可持续发展的策略。 （三）通过实验探究溶洞和钟乳石、石笋、石柱的形成，激发探索之心，提升科学探究能力。 （四）通过在织金洞收集的资料和图片，小组合作报告景区如何实现生态旅游可持续发展以及自己对溶洞文化的认识和此行的感受，进而培养热爱家乡的情感。

过程记录

生态文化

1. 遵义红色基地生态文明调查实践活动

一、活动背景

红色基地记录着中国共产党带领中华人民进行英勇斗争的光辉历程，其所记载的中国共产党革命历史、英雄事迹和不屈的革命精神是需要我们中华儿女学习、谨记，并将之发扬光大的。大力推动红色旅游发展、弘扬红色文化、继承红色精神是中国发展道路中不可或缺的一部分。

2014年2月，习近平总书记首次提出文化自信，而后一直强调我们要矢志不渝坚持走文化自信之路，当下，文化在综合国力中的作用越来越突出，其不但提升了中华民族的精神力量，更是中华民族凝聚力和创造力的主要来源。所以，利用红色文化开展思想政治教育，可以充分发挥其思想政治教育功能，让中国人民深刻感受到红色基因的存在，进而提升民族文化自信、凝聚爱国力量。

遵义不仅是革命老区，更是伟大的历史转折之城、会议之都。红军长征经过遵义会议，实现了历史的转折，推动中国革命走向了胜利新阶段。

遵义这片红色基地承载了党的初心与使命，见证了党带领中华儿女拼死搏斗、可歌可泣的革命历程，孕育了伟大的长征精神、遵义会议精神和四渡赤水精神，为中华儿女坚持初心、砥砺前行带来了生生不息的精神力量。

二、活动目标

（一）通过观看剧目及参观遵义红色旅游基地，理解遵义会议蕴含的历史意义，深刻体会遵义会议前后中国共产党和工农红军命运的变化，体会正确的政治路线指引对于革命斗争的重要性，切实感受并弘扬永垂不朽的红军长征精神。

（二）通过在遵义红色旅游基地收集的资料和图片，小组合作讨论并能说出遵义红色旅游和绿色生态发展的关系。

（三）能提出以绿色发展为基础促进红色旅游、建设生态宜居乡村的具体措施。

三、活动内容

（一）研学实践

遵义红色旅游基地简介

遵义会议会址位于贵州省遵义市红花岗区子尹路96号。1935年的遵义会议就在这里秘密举行。本次会议确定了以毛泽东为代表的新的党中央领导集体，并成为中共发展史上一个生死存亡的重大转折点。

革命胜利的伟大转折点——遵义会议会址　摄影：张丽

红军总政治部旧址位于遵义老城杨柳街 28 号。主要建筑有经堂和学堂两部分。红军二渡赤水回师遵义，红一军团司令部就在此地召开过大会。

红军烈士陵园坐落在遵义市湘江河畔的凤凰山南麓小龙山上。其内建有红军长征在遵义牺牲的烈士纪念碑，譬如红三军团参谋长邓萍烈士墓、钟伟剑烈士雕塑等。

（二）调查实践

调查遵义红色旅游基地生态环境现状，结合旅游区情况，提出适宜遵义生态旅游可持续发展的策略。

四、活动地点

贵州省遵义市红色旅游区部分区域：遵义会议会址、遵义会议期间红军总政治部、遵义红军烈士陵园。

五、人数分组

每 4 人一组。

六、VIPP 实践活动步骤

（一）观看红军长征相关剧目

在去遵义红色基地之前，提前观看红军长征在贵州段的相关剧目，结合历史所学知识，深刻认识红军长征这段历史，感悟遵义会议所蕴含的历史意义，体会革命战士在红军长征途中不怕困难、勇往直前的精神。

（二）走进红色遵义

1. 在学校预先做好的准备

年级组：出发前跟遵义旅游区负责人沟通说明本次出行目的，双方做好对接工作。预订出行所需车辆，组织教师会议，明确参与活动教师需要负责的工作，提示教师对学生进行安全教育、文物保护教育和环境保护教育等。

班主任：分组，确定小组组长，明确此次出行目的，下发遵义红色旅游基地研学指南，其中内附出行路线：遵义会议旧址→会议期间红军总政治部→红军烈士陵园、遵义红色旅游区介绍等相关资料，同时进行安全教育、文物保护教育和环境保护教育。

学生：出发前自行了解遵义会议相关历史知识，并提前查询遵义近期天气情况，带好随行所需物品。

2. 参观调查

各组在相关人员的带领下参观遵义红色基地，认真聆听相关人员讲述红军长征在遵义的故事，切实感受红军长征时英勇拼搏的革命精神。在参观红军烈士陵园时集体为邓萍、钟伟剑等烈士英雄扫墓、敬献花篮等。

此外，自中华人民共和国成立以来，国家一直重视建设和弘扬红色文化。就红色文化的发展现状而言，中国地域辽阔，文化种类繁多，但很多地方的红色文化由于地处偏僻，交通、资源、人员等条件的欠缺，遭到破坏甚至消失，这对于我国红色文化基因的传承是非常不利的。面对如何保护好这些红色文化，如何做好我国的红色文化基因传承的问题，将红色文化融入国家美丽乡村建设中，就是一个非常好的措施。因此，各组还需调查红色旅游区的生态环境现状，并咨询相关人员，了解当地是如何保护红色文化，以实现"生态旅游＋红色经典"的可持续发展。在活动过程中利用所准备的工具做好记录、录音和摄影摄像的相关工作。

七、活动评估

实践结束后，主要从以下几方面来综合评估实践效果：

（一）通过观看历史剧目和实地考察，以小组为单位阐述对中国共产党领导的重要性的认识、对遵义会议历史意义的理解以及对红军长征精神的感悟。

（二）组内各成员的实地调查过程记录，以及在该过程记录基础上总结出的小组实地调查报告，该报告要反映小组观察和体验实地调查的过程和收获，并以PPT的形式提交。PPT内容包括结合研学地特点及所见所闻，拓展交流，汇报红色旅游区的生态环境现状，阐述对遵义红色旅游和绿色生态发展关系的认识。

（三）能够将理论与实践相结合，在参观完红色旅游基地后，能够提出以绿色发展为基础促进红色旅游、建设生态宜居乡村的具体措施。所有小组在集中研讨时需当众汇报该内容。

八、注意事项

（一）教师要教导学生养成安全隐患防范、环境保护和文物保护意识，强调切不可乱涂乱画、乱扔垃圾，在参观过程中如果看到地上有垃圾要及时捡起，要遵守纪律，不擅自离队。

（二）各组长要认真履行职责，确保组内成员无走散情况。有纪律有组织地开展活动，活动时要团结协作、相互关心，时刻保障自身安全。

（三）教师要明确活动具体区域，告知学生安全区域与禁行区域，以免发生意外事件。教师在引导学生过马路时，要严格遵守交通安全规章制度，走人行道，不乱行，不扰人。若在开展活动时发生预料之外的事故，应第一时间处理，将危险降至可控范围内，并及时将情况上报学校领导。

（四）教师要详细审查学生身体健康状况，对不适宜参加活动的学生做好思想工作，并对其家长做好解释，劝阻其参加本次活动。

（五）嘱咐学生带好手机，以便于联系。

九、过程记录

活动目标	（一）通过观看剧目及参观遵义红色旅游基地，理解遵义会议蕴含的历史意义，深刻体会遵义会议前后中国共产党和工农红军命运的变化，体会正确的政治路线指引对于革命斗争的重要性，切实感受并弘扬永垂不朽的红军长征精神。 （二）通过在遵义红色旅游基地收集的资料和图片，小组合作讨论并能说出遵义红色旅游和绿色生态发展的关系。 （三）能提出以绿色发展为基础促进红色旅游、建设生态宜居乡村的具体措施。

过程记录	

2. 西江千户苗寨生态文化调查实践活动

一、活动背景

十八大以来，习近平同志高度重视中华优秀传统文化的发展，特别是民族文化的继承和发扬，同时，也高度重视民族文化遗产的保护管理工作。优秀文化一脉相承，是中华民族重要的精神支柱，是我国富强的主要保障，所以加强对传统民俗文化、少数民族传统村寨文化、民族非物质文化遗产等的保护与宣传极其重要。

在贵州，诸如西江千户苗寨之类的少数民族村寨对民族特色文化都有着完整的保护和传承。西江千户苗寨依山而建的自然村寨和周围的梯田，展示了苗族人民与大自然和谐相处的旖旎风光。苗族的房屋为清一色的"吊脚楼"，苗族有独特的芦笙舞，他们的服饰多以蜡染、刺绣和银饰为代表，他们还拥有自己的节日，如吃新节、苗年节，这些都充分展示了中国苗族文化的博大精深。在闲暇时间让学生走进少数民族自然村寨，能够帮助学生感受中华优秀传统文化，从中了解人与自然和谐相处到可持续发展的历程。

二、活动目标

（一）通过参观西江千户苗寨，深刻体会苗寨文化的内涵，并能够分析出村寨文化在生态文明建设中的作用。

（二）体验少数民族风情，感受贵州苗族优秀传统文化以及人与自然和谐共处的氛围。

三、活动内容

研学实践

（一）西江千户苗寨简介

西江千户苗寨，位于贵州省黔东南雷山县，雷山县年降水量1300~1500毫米，年平均气温14℃~16℃，属亚热带湿润山地季风气候。千户苗寨是中国最大的苗族集聚地，历史悠久，拥有属于自己的文化长廊。它记录着苗族辉煌的发展历程，承载着苗族漫长历史的结晶。从1982年至2015年，西江千户苗寨获得了众多荣誉，其在2011年被评为国家AAAA级景区，2012年被誉为"中国十大最美村落"，2022年被评为国家AAAAA级旅游景区。

锦绣苗乡——西江千户苗寨 摄影：张丽

（二）西江千户苗寨生态文化内涵

1. 自然环境

西江千户苗寨依山傍水，周围均被群山环绕，寨中的梯田依山顺势而上，苗寨整体被白水河分割成两个部分，苗寨大部分位于白水河东北侧的坡地上。依山而建的苗寨，房屋间都由青石板路盘旋连接向上，与当地的自然地形地势巧妙融合在一起，夜晚在灯光装饰下的苗寨呈现出环形的牛角状形态。

"千户吊楼绿抱环，白水玉带楼脚绕"——西江千户苗寨 摄影：张丽

2. 生活方式

为更好地适应当地地理位置，苗寨中的建筑大都以结构简单且稳固性好的穿斗式歇山顶建筑为主。寨中的吊脚楼和风雨桥是苗寨中的重要标志建筑，在 2005 年，吊脚楼被列入了国家级非物质文化遗产名录。寨内的吊脚楼层层叠叠，依山势向两边伸展，连绵起伏。其屋基开挖为上下二层，前檐柱或第二柱不落地，因此得名吊脚楼，寨中的吊脚楼通常采用三层。底层大多架空，这样便可更好地与当地地形结合，人们通常会将底层用来放置生产工具、储蓄肥料或用作茅厕；第二层是人们的主要生活区，一般分为堂屋、睡房和厨房，堂屋外面通常会制作一个"美人靠"，苗族人称之为"阶息"，主要是为苗民提供一个乘凉休息、刺绣的场所，是苗族建筑的一大特色；第三层主要用于存放谷物等生产、生活物资。吊脚楼的楼层和功能划分区域将苗族群众在适应大自然条件下的生存智慧、建筑独有的文化色彩呈现在世人眼中。风雨桥则建在水坝之上，河流两侧都长有绿植，涓涓细流，迎风细柳，可谓美哉。以前的风雨桥为木桥，因其为木质结构，几经整治修复后还是遭到洪水冲毁，所以，2008 年所营造的五座

弓形风雨桥都采用了水泥与木材的混合结构，使得风雨桥在抵抗洪水时的强度和防护能力都有了大幅度的提高。

木质长廊——风雨桥 摄影：张丽

苗寨是典型的山区农业村寨，全寨居民的部分生活来源为上游地区所开辟出的大片梯田，当地以旱作农业为主，主要种植水稻、苞谷、红薯、马铃薯和辣椒等农作物。在苗寨这片土地上，农耕文化与田园风光相得益彰，形成了一道亮丽的风景线。

3. 艺术

苗寨村民普遍着苗族服饰，其服饰以华丽的色调、装饰和浓郁的文化韵味闻名于世，不仅特色显著，样式更是丰富多样，据不完全统计，西江苗服的款式种类有200多种。苗族服饰图案精美，多源于自然和历史，其中鱼、虾、蝴蝶、石榴、吉宇鸟等动植物图案最为常见，这些图案蕴含着丰厚的文化底蕴，被称为"穿在身上的史诗"。其女性服饰尤为惹人注目，头顶牛角银帽、身着百鸟衣裙，彰显了苗族艺术作品的精髓，可谓是中华文化绚丽的瑰宝。传统手工艺作品——苗族银饰华丽而考究，其在制作过程中充分利用银材的良好延展性，采用薄片、拉丝捶打、镶焊等多种技巧，制造出各式各样的形状，银饰素以造型优雅、淳朴自然、巧夺天工而著称。其项圈由小到大多达七圈为一套，此外还有银梳、银镯，银饰的图案多种多样，与优美艳丽的苗族特色服饰相搭配，相辅相成，彰显了苗族女性的美丽与贤淑。

苗族是一个歌舞双全的民族。村民每天都会在博物馆对面的歌舞表演场地上表演芦笙舞、铜鼓舞或者民歌对唱等。苗族歌舞来源于生活，反哺于生活，歌舞内容朴实无华，充分展现了苗族人民质朴的性格特点和闲暇惬意的生活状态。西江歌舞文化资源丰厚，源远流长，拥有苗族飞歌、芦笙舞等多项国家级和省级非物质文化遗产。

花衣银装——苗族服饰 摄影：张丽

4.民俗节日活动

在西江千户苗寨中，除可领略独具特色的苗族服饰、特色歌舞、苗族情怀、建筑等文化外，还可参与体验苗寨的特色民族节日。在西江会举行吃新节、苗年节、鼓藏节等独具特色的民族节日。在吃新节时，苗族人民会通过跳芦笙、斗牛等来庆祝节日，而一年一度的"苗年节"和十三年一度的"鼓藏节"最为隆重，苗年是每年都举行的小祭鼓藏活动，鼓藏节是若干年一大祭的鼓藏传统文化活动。在这两个节日中，苗民都会祭祖，届时亲朋好友都会齐聚一堂，相互交流感情，庆祝每年大好的收成等。此外，与其他村寨不同的是，西江千户苗寨的苗年是分头年、大年和尾年3次来过，分别在农历十月、十一月、十二月上中旬过节，过苗年时苗民都会打糯米粑、酿米酒、跳铜鼓和芦笙等。总之，这些民俗节日都荟萃了苗族传统文化和习俗的精华。

四、活动地点

贵州省黔东南苗族侗族自治州雷山县西江镇南贵村。

五、人数分组

每 4 人一组。

六、VIPP 实践活动步骤

（一）在学校预先做好的准备

年级组：出发前跟西江千户苗寨相关负责人员沟通说明本次出行目的，双方做好对接工作。预订出行所需车辆，组织教师会议，明确参与活动教师需要负责的工作，提示教师对学生进行安全教育和环境保护教育等。

班主任：分组，确定小组组长，明确此次出行目的，下发西江千户苗寨研学指南，其中内附出行路线、西江千户苗寨景区介绍等相关资料，同时进行安全教育和环境保护教育。

学生：出发前查询了解西江千户苗寨的相关知识，并提前查询黔东南近期天气情况，带好随行所需物品。

（二）参观调查

各组在相关人员的带领下参观苗寨，在观赏之际，认真聆听相关人员介绍苗寨的发展史，调查、了解、记录苗族人民生态文化以及生态保护基础知识等，欣赏苗寨歌舞，收集西江千户苗寨背景资料，并利用所准备的工具及时为文化事项摄影、摄像、录音。

七、活动评估

实践结束后，主要从以下几个方面来评估实践效果：

（一）组内各成员的实地调查过程记录，以及在该过程记录基础上总结出的小组实地调查报告，该报告要反映小组观察和体验实地调查的过程和收获，并以 PPT 的形式提交。PPT 内容包括对苗寨房屋、歌舞、服饰、民俗节日等的认识，以及在观察体验后自身的收获及感受。

（二）组内关于苗寨的研学小论文。从自然环境、生活方式、艺术、民俗节日活动等方面分析西江千户苗寨生态文化的现状，形成对西江千户苗寨生态文化的感性认识，进而分析该村寨生态文化在当下生态文明建设中的作用和意义。

八、注意事项

（一）教师要教导学生养成安全隐患防范和环境保护意识，强调切不可乱涂乱画、乱扔垃圾；在参观过程中如果看到地上有垃圾要及时捡起，要遵守纪律，不擅自离队；参观时注意言辞，和当地居民交谈时不带有偏见，尊重当地苗寨村民的民风民俗，不与当地居民发生冲突。

（二）各组长要认真履行职责，确保组内成员无走散情况。有纪律有组织地开展活动，活动时要团结协作、相互关心，时刻保障自身安全。

（三）教师要明确活动具体区域，告知学生安全区域与禁行区域，以免发生意外事件。教师在引导学生过马路时，要严格遵守交通安全规章制度，走人行道，不乱行，不扰人。若在开展活动时发生预料之外的事故，应第一时间处理，将危险降至可控范围内，并及时将情况上报学校领导。

（四）教师要详细审查学生身体健康状况。对不适宜参加活动的学生做好思想工作，并对其家长做好解释，劝阻其参加本次活动。

（五）教师要嘱咐学生带好手机，以便于联系。

九、过程记录

活动目标	（一）通过参观西江千户苗寨，深刻体会苗寨文化的内涵，并能够分析出村寨文化在生态文明建设中的作用。 （二）体验少数民族风情，感受贵州苗族优秀传统文化以及人与自然和谐共处的氛围。

过程记录

3. 赤水丹霞生态文明实践活动

一、活动背景

在生态文明建设中，要努力实现生态环境保护和经济发展的双丰收。素有"千瀑之市，丹霞之冠，竹子之乡，桫椤王国"美誉的赤水，将保护发展丹霞世界自然遗产、竹编非物质文化遗产与生态文化旅游紧密结合，充分发掘了特色文化资源的价值，实现了"生态产业化，产业生态化"的发展理念。

赤水丹霞包括1个国家级自然保护区、2个国家森林公园和1个国家级风景名胜区。赤水丹霞是"中国丹霞"中唯一的纯砂岩丹霞地貌，也是唯一具有青年早期丹霞地貌特征和高原峡谷型地貌结构的丹霞地貌，并于2010年被列入世界自然遗产名录。

作为中国十大竹乡之一的赤水，拥有132.8万亩的竹林，竹林占国土面积比例和农民人均占有竹林面积均位居全国第一。在这里，不仅具有以生态竹为核心的旅游景点——赤水竹海国家森林公园，而且还有赤水竹编非物质文化遗产。独具地方特色的生态竹产业，逐渐形成了一条养活20万赤水儿女的生态竹全产业链，使赤水于2017年成为全国首批、贵州首个脱贫出列县，且在2020年，赤水竹产业产值达到62亿元，真正将生态"常青树"转化为富民"摇钱树"完美演绎出来。

二、活动目标

（一）能够通过分析丹霞地貌的形态特征及周围环境，阐述丹霞地貌的形成原理，并判断出其是何种地貌景观。

（二）通过参观桫椤博物馆，掌握最大的蕨类植物桫椤的有关知识，并能向他人介绍桫椤。

（三）通过检测对比赤水市区、赤水丹霞旅游区和竹海森林公园的空气质量，从生态环境、人为因素等方面评析3处空气质量存在差异的原因，进而深刻认识森林的生态功能。

（四）通过参观竹海森林公园及编织竹艺术品，深刻体会竹文化的内涵，并能够自觉加入非遗传承队伍中。

（五）学习竹编技艺，并能够编织1个简单的竹工艺品。

三、活动内容

（一）研学实践

到中国丹霞赤水世界自然遗产展示中心（以下称"丹霞展示中心"）了解中国丹霞的概况、丹霞地貌的形态特征及地质成因；到中国赤水桫椤博物馆（以下称"桫椤博物馆"）了解有关桫椤的形态特征、生长习性等知识；到赤水丹霞旅游区、赤水竹海国家森林公园（以下称"竹海森林公园"）感受自然之美，领略丹霞、生态竹的文化魅力。

（二）制作实践

到赤水竹编非遗体验中心学习竹编技艺，在竹编专业人员指导下编织自己喜欢的竹工艺品。

（三）科学实践

在教师引导下，用相关空气检测仪器分别检测赤水市区、赤水丹霞旅游区和竹海森林公园的空气质量，对比分析3个地方的空气质量指数，评判旅游区和森林公园内空气质量的优劣程度，并根据检测结果，从多角度剖析空气质量异同的原因。

四、活动地点

贵州省赤水市。

五、人数分组

每4人一组。

六、VIPP实践活动步骤

（一）参观丹霞展示中心、桫椤博物馆及景区

1. 在学校预先做好的准备

年级组：与研学地相关人员做好研学对接工作，预订出行所需车辆，组织教师会议，明确参与活动教师需要负责的工作，提示教师对学生进行安全教育和环境保护教育等。

班主任：分组，确定小组组长，明确此次出行目的，下发赤水丹霞VIPP实践活动指南，其中内附出行路线、丹霞展示中心简介、桫椤博物馆简介、赤水丹霞旅游区简介、竹海森林公园简介以及赤水生态竹文化产业的发展等相关资料，同时进行安全教育和环境保护教育。

学生：出发前自行了解研学地的相关知识，并提前查询赤水市近期的天气情况，带好随行所需物品。

2. 参观考察

各小组学生在相关人员的带领下参观丹霞展示中心、桫椤博物馆及景区，并利用所准备的工具做好记录、录音和摄影摄像的相关工作。

（1）丹霞展示中心

丹霞展示中心位于赤水市长江半岛，于2015年建设完成并投入使用，有3900平方米的主体面积，内容分为序厅、总论厅、美学价值厅、影视厅、地质地貌厅、生态过程厅、生物多样性厅及保护管理厅9个厅来呈现。

丹霞展示中心内主要运用浮雕、数字多媒体、电子沙盘、仿真模型和立体展板等多元形式展示中国丹霞的地质地貌，旨在让大家知道作为世界

自然遗产的丹霞的价值及赤水在生态文明建设中所取得的成果。

序厅主要向大家介绍中国丹霞的大概情况，讲述的是在2010年贵州赤水与福建泰宁、湖南崀山、浙江郎山、江西龙虎山、广东的丹霞山一同捆绑申遗成功的过程。总论厅则是利用立体展板介绍丹霞的由来，通过浮雕展示赤水丹霞的核心区——佛光岩景区，用6个沙盘展示中国丹霞地质地貌的演变情况，并介绍了作为中国丹霞青年早期代表的赤水丹霞的地貌。美学价值厅主要是利用沙盘向我们展示赤水丹霞内的景点景观——桫椤自然保护区、竹海、燕子岩等。影视厅则是用于播放与丹霞相关的或其他的影视作品。地质地貌厅主要向人们讲述赤水丹霞景区的岩石状况、地质地貌等特征，并且利用视频的表现形式向人们介绍丹霞地貌的演化过程。生态过程厅主要讲述了赤水的自然环境特征和生态演化过程。生物多样性厅讲解的是赤水的动植物多样性，主要利用仿真模型向我们展示鸟、黑熊等动物以及桫椤等植物。保护管理厅主要讲解赤水人民、政府对赤水丹霞的保护管理和生态文明建设的成效。

总之，展示中心通过这些前沿科技向大家展示了栩栩如生的丹霞世界，充分发挥了宣传及科普的教育作用，帮助同学们更好地认识中国丹霞，在生态文明建设中起到积极作用。

参观丹霞展示中心，认真聆听引导员讲解9个厅的内容，特别注意了解赤水丹霞地貌的诞生过程、岩石情况和丹霞地质地貌特点。如果条件允许，还可以询问引导员，如何根据岩石情况来判断地区的地质特征，如何判断景观的地貌是由于流水、风或者重力等外动力地质作用塑造成的，进而判断是何种类的景观等问题。

（2）桫椤博物馆

桫椤博物馆是我国唯一以展示一级濒危保护植物——桫椤为主题的自然生态博物馆。博物馆内有13个展区，分别是神奇的赤水桫椤国家级自然保护区、前言、繁盛的中生代、桫椤王国、中国侏罗纪公园、天然植物宝库、蕨类王国、观赏和药用植物、竹子之乡、动物世界、两栖乐园、芸芸众生和历史重任区。

第一展区是利用沙盘、多媒体展示赤水桫椤保护区的地理地貌及赤水景区的概况；第二展区主要是用 2 块壁挂木板介绍博物馆展出的内容；第三展区向大家展示的是由恐龙、桫椤、银杏等动植物构成的中生代生态环境造景和一幅地球地质年代与生物进化的全景示意图，以及用相应展台展示的恐龙蛋、中国贵州珊瑚等化石；第四展区是利用壁挂画、仿真模型展示桫椤，且用展板展示桫椤的价值、发展以及桫椤的茎、叶、孢子囊群及孢子；第五展区介绍的是保留侏罗纪时代特色的赤水景点；第六展区是利用壁挂画、展台及植物标本向大家展示赤水境内的国家一、二级保护植物及珍稀树木；第七展区是利用多媒体、壁挂画、蕨类植物化石及蕨类植物标本向大家展示多样的蕨类；第八展区介绍的是供观赏和能药用的植物；第九展区展示的是赤水种类多样的竹子；第十展区是在形象生动的保护区自然景观生态立体造景中给大家呈现形形色色的特色动物；第十一展区向大家展示了琳琅满目的两栖动物、爬行动物标本和鱼类标本；第十二展区展示的是蝴蝶、甲虫、天牛和蜻蜓等各式各样的标本；第十三展区则是利用展板向大家阐述了 3 方面的内容：现如今面临的环境污染、物种濒临灭绝、生态恶化和人类生存面临的威胁等生态问题，我们国家为解决这些问题都贡献了哪些中国智慧和中国方案，以及我们应该怎么做。

一级濒危保护植物——桫椤 摄影：张丽

各小组学生自行参观桫椤博物馆，了解桫椤生长习性等相关知识，做好研学过程相关记录，意识到保护生物多样性的重要性，并能自觉加入生态环境保护行列中。

（3）赤水丹霞旅游区

赤水丹霞旅游区，是青年早期丹霞地貌代表，2020年被评为国家AAAAA级景区。这里不仅有丹山、飞瀑，而且还分布着大量侏罗纪时代的古老植物——桫椤、三尖杉等。

赤水丹霞旅游区——佛光岩　摄影：张丽

参观赤水丹霞旅游区，领略险峻壮丽的丹霞地貌，注意拍摄丹霞地质地貌景观，结合在展示中心的所见所闻，运用所学的地理知识及查阅相关资料（例如，2018年何哲峰的博士论文《地质公园科普旅游资源评价研究——以丹霞山世界地质公园为例》），小组合作分析丹霞地貌形态特征，探究丹霞地质地貌的形成原因，进而辨别所拍摄的景观是水成地貌景观、重力崩塌地貌景观还是风成地貌景观。

（4）竹海森林公园

国家AAAA级景区——竹海森林公园，占地10666公顷，公园内遍布17万亩的楠竹，众多游客前来此地都为一览竹海之美。

各小组学生在相关人员带领下参观竹海森林公园，在观赏之际，认真聆听相关人员介绍竹海森林公园的发展史，同时可以咨询近些年来竹海森林公园都给当地带来了哪些经济效益和生态效益等相关问题，进而意识到森林的经济及生态价值。

（二）空气质量检测

人类的生活离不开洁净的空气，空气质量的好坏反映了空气中污染物浓度的高低。已被污染的空气会对人类身体造成直接影响，若长期吸入受污染的空气容易引发各种呼吸系统疾病，甚至死亡。早在工业革命期间，我们的大气就曾受到煤烟的污染。在20世纪50年代的英国伦敦烟雾事件中，许多人就因为吸入受到煤烟污染的大气而感到呼吸困难，甚至发生哮喘、咳嗽等呼吸道疾病，并且据记载，仅在12月5—9日的几天时间内，伦敦市就有多达4000人死亡。因此，实时检测空气质量并寻找、控制污染源是至关重要的。

1. 在学校预先做好的准备

班主任：准备空气质量检测仪器，讲解检测仪器使用步骤，下发空气质量检测说明书，强调检测注意事项。

学生：出发前自行了解空气质量检测相关指标、熟悉仪器使用流程及查询空气质量分级以及不同质量等级的空气对人类健康的影响的相关知识。

2. 实地检测空气质量

到点采样后利用仪器测定空气质量，并及时记录。

空气质量检测表

一、空气检测知识

1. 在我国进行空气质量检测，主要监测一氧化碳、____、____、____、____ 和 ____ 这六项关键指标。

2. 空气质量指数分为____个级别，其中符合自然保护区和风景名胜区的空气质量要求是____级，符合居住区、农村地区的空气质量要求是____级。

二、采样检测

采样点名称	SO_2	NO_2	PM10	PM2.5	CO	O_3	空气质量综合指数	空气质量指数级别	空气质量指数类别及颜色

赤水市区							
赤水丹霞旅游区							
竹海国家森林公园							

3. 分析检测结果

根据空气质量检测结果，检验赤水丹霞旅游区及竹海森林公园的空气质量是否符合风景名胜区的空气质量要求，同时对比3个地方的空气质量，从自然环境、人为因素等方面分析空气质量存在差异的原因。

（三）学习竹编技艺，编织竹编艺术品

赤水的竹编历史源远流长，至今已有近400年的历史，已然成为贵州优秀传统文化的一部分。2014年赤水竹编被列入贵州省非物质文化遗产名录，同年赤水90后杨昌芹成为贵州省赤水竹编非物质文化遗产的第六代传人。正是因为年轻人的加入，让传统非遗艺术变成了有内涵的新风尚，给非遗艺术带来了新鲜血液，使非物质历史文化遗产重现生机。

目前赤水市已经拥有以竹为核心发展的竹编工坊及竹编非遗体验中心。在这些竹编作坊内，竹子除了可以编织出传统的竹筐、竹篓外，还可以编织出竹编小提包、竹编酒具、竹编花瓶、竹编花篮、竹编手镯、耳环等形形色色的生产生活用品以及竹编画等创意艺术品。根据编织技艺的不同，赤水竹编主要分为两大类：平面竹编（譬如竹编画）和立体竹编（譬如竹编保温杯）。

各小组学生在相关人员带领下参观竹编非遗体验中心，听相关人员讲解竹编传承历史，明白传承和弘扬非物质文化遗产的重要性，并在竹编手艺人的指导下编织竹工艺品，体会传统文化的内涵。

七、活动评估

实践结束后，主要从以下几方面来综合评估实践效果：

（一）组内关于赤水丹霞地貌的小论文。文中要附上所拍摄的某一种丹霞地貌景观，然后再分析该景观中丹霞地貌的形态特征，阐述其地质地貌的形成原因，从而确定所拍摄的照片属于何种地貌景观。所有小组在集中研讨时需当众汇报陈述该内容，汇报时以 PPT 形式呈现，但最终以小论文的形式提交至教师处。

（二）组内各成员的实地调查过程记录，以及在该过程记录基础上总结出的小组实地考察报告。该报告要反映小组实地观察和体验的过程和收获，且以 PPT 的形式提交。PPT 需要呈现 4 个内容：对中国丹霞和赤水丹霞地貌、桫椤（多方面介绍桫椤）、竹编非物质文化遗产、森林生态功能的认识。

（三）小组空气质量检测表的完成度。

（四）竹编工艺品的完成度及美观度。

八、注意事项

（一）带队教师出发前与赤水旅游区相关负责人员沟通说明本次出行目的，双方做好对接工作。

（二）带队教师教导学生养成安全隐患防范和环境保护意识，强调切不可乱涂乱画、乱扔垃圾，在编织竹工艺品时注意不要割伤手。

（三）各小组组长要认真履行职责，确保组内成员无走散情况。有纪律有组织地开展活动，活动时要团结协作、相互关心，时刻保障自身安全。

（四）带队教师要明确活动具体区域，告知学生安全区域与禁行区域，以免发生意外事件。在引导学生过马路时，要严格遵守交通安全规章制度，走人行道，不乱行，不扰人。若在开展活动时发生预料之外的事故，应第一时间处理，将危险降至可控范围内，并及时将情况上报学校领导。

（五）带队教师应详细审查学生身体健康状况，对不适宜参加活动的学生做好思想工作，并对其家长做好解释，劝阻其参加本次活动。

九、过程记录

活动目标	（一）能够通过分析丹霞地貌的形态特征及周围环境，阐述丹霞地貌的形成原理，并判断出其是何种地貌景观。 （二）通过参观桫椤博物馆，掌握最大的蕨类植物桫椤的有关知识，并能向他人介绍桫椤。 （三）通过检测对比赤水市区、赤水丹霞旅游区和竹海森林公园的空气质量，从生态环境、人为因素等方面评析3处空气质量存在差异的原因，进而深刻认识森林的生态功能。 （四）通过参观竹海森林公园及编织竹艺术品，深刻体会竹文化的内涵，并能够自觉加入非遗传承队伍中。 （五）学习竹编技艺，并能够编织1个简单的竹工艺品。
过程记录	

4. 盘州市妥乐古银杏生态文明实践活动

一、活动背景

生态旅游，本质就是一种绿色旅游消费，其根本宗旨是回归大自然，核心要义是在保护自然生态环境不受破坏的同时，发展当地经济并尊重与维护传统文化的完整性。自然生态旅游的迅速发展，不仅进一步提升了广大社区市民的环境意识，也使"绿水青山就是金山银山"的理念成为社会大众行动的重要导向。

在国家有关政策法规的引导下，开展自然生态旅游必须敬畏大自然、适应大自然、守护大自然，同时也要强化环境资源保护，重视与生态教育相结合，鼓励绿色消费，积极打造生态旅游产业，以实现人与自然和谐共处的目的。在这些背景下，生态旅游获得了优越的发展空间。

妥乐村以"千年古银杏"为名片，大力推动银杏相关各领域一体化融合发展，使银杏特色产品成为带动妥乐村经济及相关产业发展的支柱，实现了"百姓富、生态美、产业强"的目标。同时妥乐村"人树相依"的文化习俗一直延续至今，这人与自然和谐相处上千年的景观，孕育了厚重、博大、精深的生态文化。

二、活动目标

（一）通过本次活动，提升对绿色生态旅游和古村寨生态文化的认识。

（二）掌握叶脉书签制作的基本流程，并能自制叶脉书签。

（三）了解银杏的功效与作用，能用银杏叶制作简单美观的银杏手工品。

三、活动内容

（一）研学实践

1. 妥乐古银杏风景区简介

妥乐古银杏风景区位于贵州省盘州市石桥镇妥乐村，在这里，有1200多株古银杏树生长在不到3平方公里的范围内，这些银杏树的平均树龄达300年以上，最大树龄有1500年，也正是因为这上千株古银杏树，妥乐村成为世界上古银杏生长密度最高、保存最完好的地方，被誉为"世界古银杏之乡"。从2000年至2016年，妥乐古银杏风景区就相继荣获了众多荣誉，其中在2012年妥乐村被评为"全国生态文化村"，2014年被列入第三批中国传统村落名录，2016年被评为国家AAAA级景区。

人树相依，醉美银杏——妥乐古银杏风景区一角 摄影：赵芬

在妥乐村，人们的房前屋后都生长着许多银杏树，当地村民会对这些银杏树进行挂牌，树名就依据其独特的形态而命名（如夫妻树），并注明树龄、养护情况等。在村中心，有一棵被村民奉为神树的"千年银杏王"，人们经常将自己写好愿望的红布条挂在这棵树上，慢慢地，这棵树也就成为人们的许愿树。此外，妥乐村里的老老少少对树都有着特殊的情怀，祭树自然而然就成了当地的习俗。千年银杏树在村民眼里象征着美好，他们经常将一些美好的愿望寄托于树，每逢佳节，村里都会杀猪宰羊，举行隆重的祭树活动。这些祭树仪式将古老的传统民俗根植于民间，形成了一种简单朴实又博大精深的民俗文化，彰显了村民崇尚自然、敬畏自然的人文精神。

2.银杏的价值

（1）食用、营养、药用、养生、经济等实用价值

银杏树是从冰川时期一直存活到现今的古老树种，被人们称为"活化石"。银杏全身都是宝，叶可制茶、皮可入药补体、果可入食。在诸多的干果中，银杏的经济价值排名第三，是名副其实的"黄金果"。

银杏的种仁——白果，不仅有制作药膳的用途，还能通过人们的巧手制成多种独特的美食，如将银杏果去除皮和壳后剁碎，佐之青红椒炒熟；也能将银杏果与鸡肉放在高压锅内炖煮，其汤味美而别具一番风味。在景区内，也经常能看到当地一些农户将白果烤熟后售卖。

银杏叶在中医中也应用繁多，因其含有黄酮类药用成分（该成分可用

于治疗心血管系统和泌尿系统疾病），人们经常将叶子制成银杏茶、磨成银杏粉或者加工成银杏胶囊和银杏饮品之类的保健用品。除此之外，银杏叶还可制成保健枕头和一些工艺品。因此，每年的九月底到十月初到妥乐来，不仅可以品银杏茶、喝银杏酒，还可以吃到美味的白果宴。

银杏也是敲开贫困地区脱贫之门的"黄金叶""致富果"。在脱贫攻坚期间，盘州市开拓了古银杏系列中药材产品，建立了一系列银杏加工厂，多管齐下打造了银杏全产业链，在2017年，便有千余人因银杏增收。目前，古银杏系列产品市场逐步扩大，妥乐村的银杏产品远销省内外，景区内的银杏系列主题酒店、乡村旅馆、农家乐以及银杏系列美食、文化元素等基本形成，实现旅游产品收入250万余元，这给当地村民带来了可观的经济收入，使得他们更加积极主动地加入保护古树和古村寨的行列中来。

"金樱相亚枝枝袅，银杏低垂颗颗圆"——银杏果　摄影：张丽

（2）具有独特的观赏审美和艺术价值

银杏树不仅可以净化环境，也是观赏绿化最理想的树种。银杏树的整体造型如一幅惊艳无比的金色画卷，众多银杏树交织在一起，呈现出秀丽辽阔的景象，吸引各地游客纷纷前来踏"金"赏景。

（二）制作实践

收集银杏叶片，在教师指导下制作银杏叶脉书签及相关银杏手工装饰品。

四、活动地点

贵州省盘州市妥乐村。

五、人数分组

每4人一组。

六、VIPP实践活动步骤

（一）参观盘州市古银杏景区

1. 在学校预先做好的准备

年级组：出发前跟盘州市古银杏相关负责人员沟通说明本次出行目的，双方做好对接工作。预订出行所需车辆，组织教师会议，明确参与活动教师需要负责的工作，提示教师对学生进行安全教育和环境保护教育等。

班主任：分组，确定小组组长，明确此次出行目的，下发盘州市古银杏景区出行指南，其中内附出行路线、景区介绍等相关资料，同时进行安全教育和环境保护教育，准备好制作叶脉书签的相关用品。

学生：出发前查询了解盘州市古银杏景区相关知识，并提前查询盘州市近期天气情况，带好随行所需物品。

2. 参观考察

各组在相关人员带领下参观古银杏景区，在观赏之际，认真聆听相关人员介绍景区的发展史，同时咨询景区古银杏的前世今生、当地的一些民风民俗以及银杏的价值，并利用所准备的工具做好记录、录音和摄影摄像的相关工作。

（二）制作银杏叶脉书签及相关银杏艺术品

材料工具：银杏叶、软毛牙刷、食用碱、锅、电磁炉、吸水纸（普通纸巾也可）、一本书、染料或其他可以上色的原料均可、塑封机。

步骤：

1. 将摘下的银杏叶放入锅中，倒入适量的水和食用碱（可以多放点）盖上锅盖，先调至大火将水烧开，再改用文火慢煮。大概煮成汤水呈现为中药一般的颜色即可。

2. 将煮好的叶子从锅中取出,用软毛牙刷轻轻地刷去叶肉,露出叶脉,同时要注意尽量保留叶柄上的叶肉。(注:边刷边用水冲洗,避免将叶脉刷坏)

3. 将刷好的叶子放入吸水纸内,再夹到厚书内压干。

4. 将压干的叶子取出,用染料或有颜色的液体进行上色。

5. 最后再次压干已上色的叶片内残留的水分,将叶片用塑封机进行塑封即可。经过塑封后的叶片可以保存更久。

叶韵童趣,期许无限——叶脉书签 摄影:张丽

此外,也可随意发挥自己的想象力,在叶片上签字作画,或做其他各式各样的手工装饰品。

七、活动评估

实践结束后,主要从以下几个方面来综合评估的实践效果:

(一)通过组内各成员的实地调查过程记录,以及在该过程记录基础上总结出的小组考察报告来评估调查结果。考察报告由小组成员共同完成,反映小组实地观察和体验的过程和收获。报告要体现出小组成员在调研景区后对绿色生态旅游和古银杏村寨生态文化的认识。

（二）通过小组所展示的自制的叶脉书签及银杏手工装饰品的美观性和实用性等综合评价小组的实践效果。

八、注意事项

（一）教师要教导学生养成安全隐患防范和环境保护意识，强调切不可随意采摘、破坏银杏树、乱涂乱画、乱扔垃圾，在参观过程中如果看到地上有垃圾要及时捡起，要遵守纪律，不擅自离队。

（二）各组长要认真履行职责，确保组内成员无走散情况。有纪律有组织地开展活动，活动时要团结协作、相互关心，时刻保障自身安全。

（三）教师要明确活动具体区域，告知学生安全区域与禁行区域，以免发生意外事件。教师在引导学生过马路时，要严格遵守交通安全规章制度，走人行道，不乱行，不扰人。若在开展活动时发生预料之外的事故，应第一时间处理，将危险降至可控范围内，并及时将情况上报学校领导。

（四）教师要详细审查学生身体健康状况，对不适宜参加活动的学生做好思想工作，并对其家长做好解释，劝阻其参加本次活动。

（五）嘱咐学生带好手机，以便于联系。

九、过程记录

活动目标	（一）通过本次活动，提升对绿色生态旅游和古村寨生态文化的认识。 （二）掌握叶脉书签制作的基本流程，并能自制叶脉书签。 （三）了解银杏的功效与作用，能用银杏叶制作简单美观的银杏手工品。

过程记录	

5. 威宁草海生物多样性调查实践活动

一、活动背景

2020年9月习近平总书记在联合国生物多样性峰会中指出，生物多样性是人类生存发展的必要基础，我们必须坚持生态文明，共创美好家园。

2021年10月联合国《生物多样性公约》缔约方大会第十五次会议第一阶段会议在昆明举办，本次大会的召开旨在呼吁全世界共同商讨全球生物多样性保护计策，进而建设生态和谐的美丽世界。

保护生物多样性就是保护自然界中丰富多彩的生物资源。威宁草海作为贵州最大的天然淡水湖泊，其所处地理位置优越，气候适宜，光照充分，蕴含着丰富的生物资源，是生物多样性保护的重要地域。

二、活动目标

（一）在活动过程中亲近大自然，感受大自然的美好，进而增强热爱家乡的情感。

（二）通过探究分析威宁草海生态系统现状，认识保护生物多样性和湿地生态系统的重要性。

（三）通过调查并提出修复湿地生态系统措施，培养分析、解决实际问题的能力。

三、活动内容

（一）研学实践

威宁草海风景区简介

威宁草海位于贵州省威宁县城西，是一个典型的高原湿地生态系统，有候鸟219种10万余只，水生植物40多种，是鸟类、水生植物的天堂。它于1992年被评为国家级自然保护区，2015年被评为国家AAAA级景区，作为世界十大观鸟基地之一，是名副其实的"鸟类王国"，因此这里也是爱鸟人士观察研究鸟类的理想之地。

"意溢于海，情满于山"——威宁草海 摄影：杨永忠

（二）调查实践

调查湿地生态环境现状，找出破坏湿地生态系统的源头，尝试利用所学生物学知识分析湿地生态系统受到破坏的原因，提出治理恢复草海的措施，并撰写调查报告。

（三）观察实践

观测威宁草海湿地生态系统的鸟类，尝试描述、记录鸟类的特征，特别是对草海中黑颈鹤的观察。

四、活动地点

贵州省威宁县威宁草海自然保护区。

五、人数分组

每 4 人一组。

六、VIPP 实践活动步骤

（一）认识威宁草海中的鸟类及水生植物

在去威宁草海之前，教师要提前给学生介绍威宁草海中的常见鸟类及水生植物。草海每年都会有黑颈鹤、白鹤等国家一级保护动物和草原雕、红隼等国家二级保护动物飞来越冬。其中作为威宁草海标志物种的黑颈鹤，是目前所发现的鹤类中唯一一种生活在高原环境中的鹤类。此外，威宁草海中还生长着海菜花、紫萍、芦苇、金鱼藻、农藻、盘藻等多种水生植物，且草海水草、农藻的覆盖率达到了 60%。

水与草的交集——草海 摄影：杨永忠

（二）走进威宁草海风景区

1. 在学校预先做好的准备

年级组：与威宁草海研学地相关人员做好研学对接工作，预订出行所需车辆，组织教师会议，明确参与活动教师需要负责的工作，提示教师对学生进行安全教育和环境保护教育等。

班主任：分组，确定小组组长，明确此次出行目的，下发威宁草海研学指南，其中内附出行路线、威宁草海保护区介绍等相关资料，同时进行安全教育和环境保护教育。

学生：出发前自行了解威宁草海自然保护区、湿地生态系统的功能等相关知识，并提前查询威宁近期天气情况，带好随行所需物品。

2. 参观调查

各组在引导员带领下参观草海保护区，在观赏之际，认真聆听引导员介绍保护区的发展史，同时调查草海生态环境现状，若有污染迹象，要注意寻找污染源头，并咨询引导员威宁草海生态系统前期是否有过被污染的现象，若有是什么原因造成的，有没有具体的检测数据表及分析报告，政府或景区管理人员针对这些现象，提出并实施了哪些方案以修复湿地生态系统等相关问题，并撰写调查报告。

（三）威宁草海实地观鸟

各组明确组内成员分工，然后根据前期收集的资料确定观测位置，静待鸟类出现，观察鸟类活动范围、轨迹，记录鸟类的生活习性，并及时摄影填写鸟类野外观察记录表，重点观测草海标志性物种——黑颈鹤，对于不认识的鸟类先拍照标记，以便后期查询。此外，还可以咨询引导员观鸟的方法技巧及注意事项。在参观咨询过程中要利用所准备的工具做好记录、录音和摄影摄像的相关工作。

鸟类野外观察记录表

调查地点： 调查日期： 天气：晴、阴、雨、雾（ ）
温度（℃）：____ 湿度（%）：____

序号	时间	鸟类照片	鸟类名称	数量	雄鸟/雌鸟	幼鸟	状态	备注（鸟的生活习性及特征）
1								
2								
3								
4								

序号	时间	鸟类照片	鸟类名称	数量	雄鸟/雌鸟	幼鸟	状态	备注（鸟的生活习性及特征）
5								

状态：1.飞行、2.停栖、3.觅食、4.行走
调查人：_____．

七、活动评估

实践结束后，主要从以下几个方面来综合评估实践效果：

（一）组内各成员的实地调查过程记录，以及在该过程记录基础上总结出的小组实地调查报告，该报告要反映小组观察和体验实地调查的过程和收获，并以PPT的形式提交。PPT内容包括对湿地生态系统功能的认识、在参观体验保护区后对绿色生态旅游以及保护生物多样性和草海生态系统重要性的认识。

（二）撰写的关于威宁草海生态环境现状研究的调查报告。文中要阐述草海保护区内的生态环境现状并附上所拍摄的照片，然后再分析湿地生态系统遭受破坏的原因，进而提出恢复、保护湿地生态系统且适宜威宁草海可持续发展的策略。所有小组在集中研讨时需当众汇报该内容，汇报时以PPT形式呈现，但最终以调查报告的形式提交至教师处。

（三）小组鸟类野外观察记录表的科学性及可用性。

八、注意事项

（一）教师在出发前做好安全和环境保护教育，宣讲野外防护基础知识，携带常规药品（如防蚊虫叮咬类药物），并教育学生一切行动听指挥，不准随意离开队伍单独活动。

（二）各组长要认真履行职责，确保组内成员无走散情况。有纪律有组织地开展活动，活动时要团结协作、相互关心，时刻保障自身安全。

（三）教师要明确活动具体区域，告知学生安全区域与禁行区域，以免发生意外事件。教师在引导学生过马路时，要严格遵守交通安全规章制度，走人行道，不乱行，不扰人。若在开展活动时发生预料之外的事故，应第一时间处理，将危险降至可控范围内，并及时将情况上报学校领导。

（四）教师要详细审查学生身体健康状况。对不适宜参加活动的学生做好思想工作，并对其家长做好解释，劝阻其参加本次活动。

九、过程记录

活动目标	（一）在活动过程中亲近大自然，感受大自然的美好，进而增强热爱家乡的情感。 （二）通过探究分析威宁草海生态系统现状，认识保护生物多样性和湿地生态系统的重要性。 （三）通过调查并提出修复湿地生态系统措施，培养分析、解决实际问题的能力。
过程记录	

生态示范

1. 乡村振兴下生态农业的发展调查实践活动

一、活动背景

　　2021年1月25日贵州省十三届人大四次会议上的《政府工作报告》中提到，贵州实现了脱贫攻坚的全面胜利，为了巩固脱贫攻坚所取得的成果，要做好脱贫攻坚和乡村振兴有效衔接，乡村振兴的实施需要农业产业的支撑，截至2021年贵州省省级现代农业产业园有16个，其中习水县省级现代农业产业园升级为国家级，我们身边又有哪些产业是以新的生态农业模式进行的呢？当前生态农业的发展又有什么困难？让我们通过查阅文献和实地调查，整理并写出一篇当地生态农业的发展调查报告。

二、活动目标

　　（一）通过查阅相关知识了解目前贵州省生态农业发展的情况，认识到发展生态农业对于乡村振兴的必要性。

　　（二）通过对生态农业的了解以及调查报告的撰写，了解到科学研究的一般过程。

　　（三）通过分享交流组间完成的研究报告，加深对生态农业的认识。

三、活动内容

　　（一）相关知识查阅：了解生态农业在贵州省内的发展情况，并对贵州省省级现代农业产业园区有一定的认识。所谓生态农业，就是利用生态学原理优化农业产业结构，既能获得较大的经济效益，又能具有良好的物质循环，具有环保、经济和可持续发展的特点。

（二）研学实践：到生态农业示范基地或园区实地考察。在乡村振兴的大背景下，国家大力支持乡村建设，出现了一批批康养小镇和生态农业基地，带动了当地的经济发展，同时也促进了旅游业的发展，所以可以选取所在地的生态农业基地进行研学实践。

（三）调查实践：了解生态农业的工艺流程，将课本所学生态知识和生产生活实践相结合，以观察地为案例，整合贵州生态农业的发展现状，形成一篇生态农业发展与应用的调查报告。

四、活动地点

所在地的生态农业试点、基地或园区。

五、人数分组

每4人一组。

六、VIPP实践活动步骤

（一）查阅相关资料了解贵州生态农业的发展现状，整理自己对贵州生态农业的认识。

（二）了解所在地是否具有生态农业的相关基地，可以到该基地进行实地调查，了解生态农业模式的优点和存在的问题，如果没有的话，可以关注省级生态农业园区，并选择其中之一为例进行分析。

（三）将了解到的情况进行整理，汇总成调查报告，返回学校时和同学进行分享。

案例分享：兴义市敬南镇十里坪国家级农业综合开发现代农业园区中生态农业的应用调查。

案例一：利用生物防治措施防治虫害

我们研究成员达到兴义市敬南镇十里坪绿色农业园区后，首先映入眼帘的是一片生长状态极佳的莲花白菜种植园，园区中有规律地悬挂了很多黄色小板。我们近距离观察这些黄色小板，其上有各种各样的蛾类、蚊蝇等的尸体，并且小板无异味。与技术人员沟通后，确认悬挂这些小板的目的是以该地区蔬果花朵多呈现的黄色为基础，添加无毒性黏性物质，吸引部分昆虫、蚊蝇等，尽可能避免农药的使用，利用生态学中的生物防治原理，充分保护当地生态环境。园区工作人员表示，该园区种植的蔬果在上市采收前需进行农药残留检测，确保合格蔬菜的供应。

莲花白菜种植区地块里的黄色黏蝇板　摄影：谭峰

案例二：生态循环模式的应用

作为案例研究对象的绿色农业园区坚持"猪—沼—菜—猪"为主的生态循环运作模式，以生猪养殖、蔬菜种植的方式通过适度规模生产、立体高效利用、固碳减排积极构建资源节约型生态系统，让粪污变成高效有机肥，再让有机肥还田，做到农牧配套、合理调控、促碳中和，发挥循环农业的功能。

在该绿色农业园区中，养殖生猪数万头，生猪养殖全程不添加抗生素、生长激素，并辅以青饲喂食，饲喂周期必须足够8个月。

基于大单元视用的普通高中生态文明教育 VIPP 实践活动　＞＞＞

　　园区中，每个蔬果种植区域都会产生杂草、老化的叶片等，再加上菱蒿的蔬果、自然牧草等，通过人工采集，集中处理或部分青贮，添加必要的营养物质，用于饲喂生猪。

兴义市鸿鑫农业种猪繁育场　摄影：谭峰

　　园区生猪养殖严格按照生猪的生长周期进行饲喂，避免人为影响生猪的生长发育规律，保证出栏生猪肉品质量。

　　由于园区养殖生猪规模较大，产生的污水、污粪等的量也很大，除了会造成的严重的环境污染外，对于园区来说，其污水处理、污粪运输和掩埋等一系列工序的费用也是不小的成本。因此，在园区内建立了配套的沼气池和一座"生物发酵车间"。

沼气储气罐与沼液提灌池　摄影：谭峰

　　沼气池发酵产生的沼气，可以储存在沼气存储罐中，并通过管道输送到生活区和工作区，提供相应的能源，一定程度上节约了成本。产生的沼液，可以通过沼液运输车运输到相应的种植区，作为肥液还田直接浇灌。沼渣需要经过进一步处理才能转化为高效的有机肥。

沼液运输车　摄影：谭峰

生物发酵车间的主要作用是对沼渣进行一系列发酵。在生物发酵车间，除沼渣作为主要发酵物外，蔬果落叶、秸秆、种植加工废弃物和生活垃圾等也参与混合发酵。我们了解到，沼渣发酵过程中还添加了酵母、荞麦、菜油等88种物质促进发酵，并针对不同作物配比碳氮比。案例所研究的园区还建设了无公害处理室。由于园区生猪养殖规模较大，避免不了有病害或死亡的生猪，这一部分生猪会首先经过无害化处理才进行下一步发酵，避免了遗体中留存病害潜藏传染风险，据负责人介绍，这是兴义市第一间病害生猪无公害处理室。生物发酵车间生产的有机肥，一部分用于园区内农作物的施肥，多余的部分还可以出售给其他规模种植户，变废为宝，一举两得。

基于大单元视角的普通高中生态文明教育 VIPP 实践活动 > > >

生物发酵车间和车间内的发酵槽、堆肥间 摄影：谭峰

园区内通过优化"猪—沼"与"菜—沼"之间的结构，改善和提高了沼气池的利用率，相比早期现代农业中"猪—沼"与"菜—沼"独立运作的效果大大提升，充分体现了生态工程的系统决定功能和系统整体性原理。

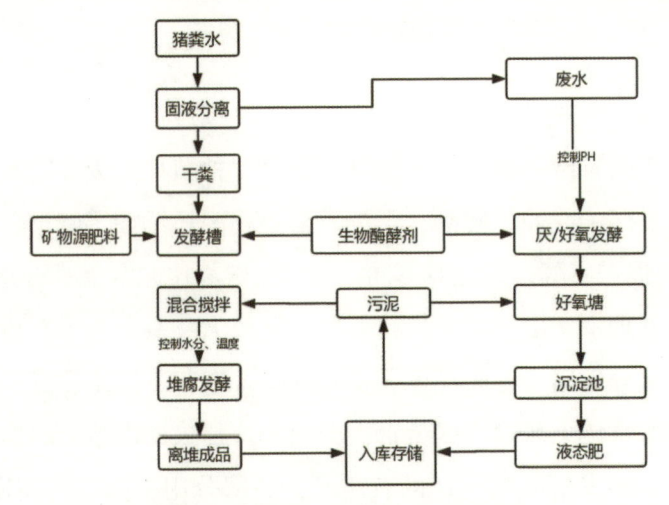

鸿鑫农业生物有机肥生产流程图

根据案例园区内有机肥的生产流程，"猪—沼—菜—猪"中物质循环充分利用，不仅减少了污染，还使废弃物转化为能源、有机肥等，在此过程中，物质得到多级利用，提高了能量利用率，充分体现了生态系统功能的能量流动的意义。

案例三：根据地形、水源种植不同的农作物

虽然园区地处坝区，但边缘及山脚存在一定坡度，在这一类缓斜坡上，土壤较薄、不易蓄水。而坝区中央土壤肥沃厚实、蓄水能力强。因此，像辣椒等根系较短、怕涝的作物一般种植在缓斜坡区域地块。

坝区缓坡地带与远处较平地块作物分布　摄影：谭峰

同样，同一坝区不同地块土壤含水量也不一样，选择抗旱性强的西红柿种植在蓄水量较少的区域，而黄瓜根系好，呼吸能力较强，但抗旱力、吸肥力都比较弱，故种植在土壤长期保持湿润、水源丰富的地块，甚至要预埋滴灌系统预防大旱气候。

总的来说，园区内作物种植利用了环境和植物所具有的特性，体现了群落的水平结构。

在本研究案例中的绿色农业园中，除了种植迎合当时节气市场的农作物外，还会特地在不同地块有间隔地种植其他多种不同的农作物，通过混种的模式，保证园区生态系统的多样性，提高园区系统的抵抗力和稳定性。

在上文中提到，本研究案例中的绿色农业园，其土地来源为通过政府牵头，利用土地流转或土地长期租赁的模式，整合农户土地资源，统一种植、统一管理。通过走访，当地农户通过一年的栽种、采收等，包括投入的肥料、种苗在内，不考虑人工成本，原本每一亩耕地收入在1200~1800元。绿色农业园建立起来，通过土地流转或长期租赁，每年每亩农户也能获得1300元左右的收入，同时园区内提供就业岗位2000多个，如采摘、施肥、养护、除草等，每月还定时支付工资1500元不等。这样算下来，当地农户将土地交由园区管理，农户选择在园区就业，则每一年每一亩耕地收入翻了十多倍。

据了解，园区除直接提供上述模式的就业岗位外，还在开展"百村百点"，即全市100个贫困村建设100个生态养殖循环示范点，根据各贫困村的实际情况，结合自然资源条件，宜猪则猪、宜菜则菜、宜鸡则鸡，在园区公司牵头下，形成"种—养—加—销"的全产业链模式，实现农业增效、贫困户脱贫、农民增收，带动贫困户一万户、贫困人口三万人以上脱贫。

七、活动评估

活动结束后，主要从以下几个方面来综合评估实践效果：

（一）组内成员进行生态农业示范基地或园区的调查，并做好访谈记录，形成《乡村振兴下生态农业的发展调查报告》。

（二）将整个在生态农业示范基地或园区实地调查的过程、结果等以PPT的形式提交，最后再谈谈此次活动的收获与感受。

八、注意事项

（一）学生在所在地的生态农业示范基地进行实地调查时，要注意安全，爱护环境，不要乱扔垃圾，要服从工作人员的管理。

（二）不要与组内成员走散，不出现单独行动的情况，要有商量地按照计划去做。

九、过程记录

活动目标	（一）通过查阅相关知识了解目前贵州省生态农业发展的情况，认识到发展生态农业对于乡村振兴的必要性。 （二）通过对生态农业的了解以及调查报告的撰写，了解到科学研究的一般过程。 （三）通过分享交流组间完成的研究报告加深对生态农业的认识。

过程记录	

2. 花溪区国家生态文明建设示范县生态文明实践活动

一、活动背景

　　自然环境是人们赖以生存发展的前提条件和物质基础。自十八大开始，以习近平同志为核心的党中央便把生态文明建设视为国家发展不可或缺的重要组成部分，多措并举强抓生态文明建设，并大力推动生态文明理论、机制与实践的不断创新发展。在2012年10月，"美丽中国"首次被党的十八大作为生态文明建设的宏伟目标，就此，在中国特色社会主义建设发展的过程中，生态文明建设成了"五位一体"总布局的重要组成部分，之后又形成了以绿色生态为主基调的习近平生态文明思想，其深层次解决了为什么要建设生态文明、建设怎样的生态文明、怎样建设生态文明等重大问题。

　　以科学的理论作为引领，坚持绿色发展，践行"两山"理念。生态产品的出现和人们对生态产品的认可为贯彻习近平总书记提出的生态文明思想提供了具体实例。随着时代的发展，人们对生活的质量提出了更多、更高的要求，而生态产品恰恰能给人们提出的要求做出相对满意的回答，其极大地提高了人们生活的满足感、幸福感，因此，在创造更多优质生态产品是时代发展的要求。

　　贵州作为首批生态文明试验点之一，始终坚持绿色发展、生态优先的理念，在建设美丽贵州的道路上取得了非同凡响的成效。从2017年至2021年，贵州省内先后有贵阳花溪区等9个区（市、县）被授予了"国家生态文明建设示范市县"的荣誉称号，该荣誉称号不仅打响了"生态贵州""多彩贵州"的牌子，让贵州人享受了生态发展带来的各种益处，更成为其他地区开展生态文明建设的模范标杆，为建设生态文明美丽强国提供了可借鉴的经验方法，为生态发展史画上了浓墨重彩的一笔，为生态发展蓝图开好了局。

此外，在2021年7月，在贵阳举行的生态文明贵阳国际论坛中，为全面展示贵州近年来作为国家级生态文明先行示范区的建设成果，特向参会嘉宾推荐了12个生态文明建设项目，其中就包含了花溪区贵阳市花溪国家城市湿地公园。

二、活动目标

（一）关注我国生态文明建设进展，阅读生态文明相关文件，响应国家号召，牢固树立生态文明理念，积极投身生态文明建设。

（二）参观花溪区沿线风景，增强热爱自然、尊重自然的情感，培养探索、感知、欣赏和评价美的意识和能力。

（三）学习了解贵阳生态文明建设成果，形成自主维护生态和谐、共同参与生态环境保护的意识，能够积极为家乡生态文明建设建言献策。

三、活动内容

（一）教育实践

阅读观看国家推进生态文明建设的举措文件及视频，关注了解中国特色生态文明建设现状、成果及途径，并向身边的亲朋、同学等宣传。

（二）研学实践

花溪区国家生态文明建设示范县简介

花溪区国家生态文明建设示范县位于贵州省贵阳市内，地貌以山地和丘陵为主，其地理优势为生态文明建设提供了很好的环境基础。近年来，国家大力推进生态文明建设，为培育和弘扬生态文化，切实抓好生态文明思想宣传，提高全民生态文明素养，花溪区建成了孔学堂、十里河滩和贵阳市生态科普馆等生态基地。同时花溪区也坚持山水林田湖草生命共同体的生态保护修复，逐步提升绿色生态空间，因而在2019年实现了城市饮用水水源地水质和地表水环境质量100%的达标率，全区森林覆盖率和建成区绿化覆盖率都趋近50%，空气质量优良率95.5%，实现了生态文明高质量建设，并于2019年11月成功获批第三批国家生态文明建设示范区称号。①

碧波荡漾，醉美花溪——贵阳花溪国家城市湿地公园
摄影：刘婷婷

2019年，贵阳市首次以"生态"为主旨建立的城市展示馆——贵阳生态科普馆，其位于花溪国家城市湿地公园的北端，有1400平方米的展出面积，内容分为"诞生篇""孕育篇""探索篇""守护篇"和主题剧场5个篇章呈现，科普馆内主要运用数字多媒体、电子沙盘、仿真模型、互动装置和立体展板等多元形式展示分析贵阳的喀斯特地貌，对贵阳生态环境进行整体描述，并以生态环境的孕育发展、城市生态环境的治理历程、人与自然和谐共生为主题进行介绍。例如，利用立体展板向我们展示贵阳的

---

① 贵阳网.花溪区全力打造国家生态建设示范县[EB/OL].（2020.7.31）[https://www.huaxi.gov.cn/xwzx/hxyw/202007/t20200731_62013026.html].

诞生历程、城市的蓝天计划和碧水行动等内容，利用VR技术让我们看到每日爽爽的贵阳，利用多媒体、仿真模型模拟展示贵阳的生态环境和多样的生物等。总之，科普馆通过这些前沿科技向我们展示了栩栩如生的立体世界，帮助我们更好地认识家乡丰富的生态环境，充分发挥了宣传及科普教育的功能，为建设生态文明起到积极作用。

此外，贵阳生态科普馆也是中小学生研学的好基地，自开馆以来，省内众多学校相继到此研学生态文明相关知识。正是因为科普馆在生态宣传方面取得良好反响，因此其获得了"贵州省生态环境宣传教育基地""贵阳市中小学生研学旅行实践教育基地""贵阳市爱国主义教育基地"以及"贵阳市社科普及宣传示范基地"等荣誉称号。

四、活动地点

贵州省贵阳市花溪区。

五、人数分组

每4人一组。

六、VIPP实践活动步骤

（一）教育实践

1. 查阅《生态文明体制改革总体方案》（以下简称《方案》）和《关于加快推进生态文明建设的意见》（以下简称《意见》），了解《方案》的理念、原则和目标等相关内容，熟悉《意见》中提出的工作任务、具体改革措施。

2. 收看《习近平在全国生态环境保护大会上的讲话》（以下简称《讲话》）视频，深刻领会其中的精髓，切实将生态文明理念铭记于心，塑造于行，并向身边亲朋、同学等宣传。

3. 查找资料，了解"生态产品""生态产品价值"的具体内涵，并阅读《关于建立健全生态产品价值实现机制的意见》，了解生态产品调查、评价、保障、推进机制。

（二）走进花溪

1. 在学校预先做好的准备

年级组：与花溪区相关人员做好研学对接工作，预订出行所需车辆，组织教师会议，明确参与活动教师需要负责的工作，提示教师对学生进行安全教育和环境保护教育等。

班主任：分组，确定小组组长，明确此次出行目的，下发贵阳花溪区VIPP实践活动指南，其中内附出行路线：花溪国家城市湿地公园→孔学堂→十里河滩→贵阳生态科普馆，花溪区有关生态文明建设所实施的相关措施及取得的成果等相关资料，同时进行安全教育和环境保护教育。

学生：出发前自行了解花溪区生态文明建设的相关知识，并提前查询贵阳近期天气情况，带好随行所需物品。

2. 参观考察

各小组学生在相关人员的带领下参观花溪湿地公园、孔学堂、十里河滩，在观赏之际，认真聆听相关人员介绍花溪区的发展史，咨询在生态文明建设前后花溪生态环境的变化，切实感受城市生态产品的生态调节服务价值和生态文化服务价值的重要性，或自行询问其他想知道的相关问题。

参观贵阳市生态科普馆，认真聆听引导员讲解的5个篇章内容，了解低碳城市的日常图景、贵阳碧水行动下的城市水足迹，认识贵阳本土生物，感受贵阳生态之美,并利用所准备的工具做好记录、录音和摄影摄像的相关工作。

七、活动评估

实践结束后，主要从以下几个方面来综合评估实践效果：

（一）阅读观看《意见》《方案》《讲话》视频和《关于建立健全生态产品价值实现机制的意见》后撰写的心得体会，其中要阐述对生态文明建设、生态产品的认识。

（二）小组撰写的实地考察报告。小组报告由小组成员共同完成，反映小组实地观察和体验的过程和结果。报告要体现出小组成员在研学贵阳生态文明建设成果后的心得，并能够根据自己家乡的实际情况提出建设美丽家园的合理化意见和建议。

八、注意事项

（一）带队教师出发前跟花溪区负责人沟通说明本次出行目的，双方做好对接工作。

（二）带队教师教导学生养成安全隐患防范和环境保护意识，强调切不可乱涂乱画、乱扔垃圾，看到地上有垃圾要及时捡起放进垃圾桶，要遵守纪律，不擅自离队。

（三）各小组组长要认真履行职责，确保组内成员无走散情况。有纪律有组织地开展活动，活动时要团结协作、相互关心，时刻保障自身安全。

（四）带队教师要明确活动具体区域，告知学生安全区域与禁行区域，以免发生意外事件。在引导学生过马路时，要严格遵守交通安全规章制度，走人行道，不乱行，不扰人。若在开展活动时发生预料之外的事故，应第一时间处理，将危险降至可控范围内，并及时将情况上报学校领导。

（五）带队教师要详细审查学生身体健康状况，对不适宜参加活动的学生做好思想工作，并对其家长做好解释，劝阻其参加本次活动。

九、过程记录

活动目标	（一）关注我国生态文明建设进展，阅读生态文明相关文件，响应国家号召，牢固树立生态文明理念，积极投身生态文明建设。 （二）参观花溪区沿线风景，增强热爱自然、尊重自然的情感，培养学生探索、感知、欣赏和评价美的意识和能力。 （三）学习了解贵阳生态文明建设成果，形成自主维护生态和谐、共同参与生态环境保护的意识，能够积极为家乡生态文明建设建言献策。
过程记录	

3. 万山九丰生态农业调查实践活动

一、活动背景

生态农业是指利用农业人造景观资源，结合当地农业生产条件，将农业拓展到旅游业的一种新兴农业生产经营形式。它不仅更深层次地开发了农业资源潜能，提高了农村经济收入，调节了农业结构、改良了农村环境，同时也能够增进城乡人员的沟通交流，增强城市居民对农业的认知与理解，加强城市对农村、农业发展的支持，从而实现城乡统筹协调发展。

生态农业是人类合理、和谐利用自然资源进行生产创收，同时对维护生态环境和改善生态环境有着积极作用的一种农业模式。通过学习生态农业、生态旅游和生态经济背景知识，观察并分析生态农业、生态旅游运行的方式方法，剖析与研究生态农业、生态旅游的社会经济价值，分享休闲农业和谐发展的心得体会，进而树立人类与自然共享资源、和谐共生的理念。

二、活动目标

（一）通过本次活动了解生态农业基础知识。

（二）参观生态农业博览园，了解生态农业、生态旅游运行的方式方法。

（三）挖掘生态农业、生态旅游的经济价值，体会生态和经济和谐发展的关系。

三、活动内容

（一）研学实践

1. 万山九丰农业博览园简介

位于铜仁市万山区高楼坪侗族乡的万山九丰农业博览园，是万山区在

基于大单元视角的普通高中生态文明教育 VIPP 实践活动 > > >

2015 年 5 月引进的第一个国家级农业龙头企业，并于 2017 年成功晋级为国家 4A 级旅游景区。该园自开建以来共投入了 5.6 亿元，建成了现代农业大观园、集约化智能育苗大棚、采摘体验大棚以及海洋、花卉、昆虫海狮 3 个科普馆等设施。

九丰农业博览园中有南瓜、西红柿、丝瓜等 100 余种优质的绿色蔬菜品种，并且所有的绿色蔬菜品种都达到了国家无公害标准，部分绿色蔬菜产品还荣获了无公害蔬菜产地认证。其能有此荣誉，正是因为园区内所有大棚蔬菜在种植过程中都使用有机农家肥进行灌溉，且菜苗也大都借助现代农业技术来进行培育，这不仅从根本上保证了每一棵蔬菜的品质，而且也进一步宣传推广了现代农业技术。

九丰农业博览园全年都向游客开放，现已成为居民节假日休闲度假的好去处。

种出"休闲农业 + 乡村旅游"好风景——万山九丰农业博览园 摄影：杨秀华

（1）采摘体验区

为增强游客体验感，园区内特准备了 2 个大棚以供游客采摘，这 2 个采摘体验棚占地面积达 8200 平方米，棚内主要根据实时需求种植多种不同的瓜果蔬菜，使游客能在其中采摘到不同的果蔬，体验不一样的采摘乐趣。

生态蔬菜，瓜果飘香——博览园内的瓜果蔬菜 摄影：杨秀华

（2）花卉科普馆

花卉科普馆中有多种多样的花卉品种及植株，这些植株造型别具一格，它们相互交织在一起，形成了一条壮观有序的花海长廊，营造了一个春意盎然的绿色天地和科技荟萃的奇异景观。

花卉科普馆一角 摄影：杨秀华

（3）海洋科普馆

海洋科普馆打造的是一个独具匠心的"蓝色"旅游区域。该馆主要饲养展示了百余种海洋动物，其中有鳄鱼、海豹、海龟等珍稀海洋生物以及各式各样的鱼群和体态轻盈的水母等。游客不仅可以在此观赏到多种多样的海洋生物，同时也可以学习、普及相关海洋知识。

（4）昆虫海狮展馆

三馆之一的昆虫海狮展馆所呈现的内容也相当丰富，该展馆中不仅设置有专门观看海狮与海豹表演的专区、昆虫标本展示专区，还有模拟海洋生物和昆虫鸣叫等多个功能区，因此，这里也不失为青少年观察世界、补充知识能量的好地方。

（5）生态小屋度假区

度假小区内的生态养老小木屋是集休闲养生、旅游度假、避暑纳凉等功能为一体的宜居生活区。这些依山而建的小屋房型丰富、设施齐全，不仅能够满足游客的不同休闲需求，而且还能在小木屋中俯观美丽的博览园。

（6）餐饮服务区

这里的餐厅以绿色、生态、环保为主题，主要是给游客们提供营养丰富、口感好的生态菜。

2. 万山九丰农业博览园的经济价值

九丰农业园的建立在一定程度上带动了当地经济的发展，为劳动就业创造了机会。在初期，博览园通过为当地各乡镇蔬菜大棚基地提供一定的技术、资金和市场等支持，带动了11个乡镇发展大棚蔬菜种植。在2020年，仅一个大棚蔬菜基地中的西红柿的产量每年就达到了13.1万斤，产值达到20余万元。全区的大棚蔬菜基地不仅推动了当地的产业发展，解决了2000多人的就业问题，还增长了群众的就业收入。

综上所述，九丰农业园不仅是科普教育示范基地，也是休闲娱乐的好场所，游客不仅能在不同时节采摘瓜果蔬菜，体验"农家乐"，欣赏立体果菜等农产品和艺术相结合的美景，还能在瓜田树下品茶用餐，感受都市休闲农业带来的乐趣，不失为乡村旅游的好去处。

（二）调查实践

聆听专业人员讲解新农业科普知识，体验采摘生态农业产品，参观生态园餐饮休闲区，调查、分析生态园的布局和资源利用情况，并撰写调查报告。

四、活动地点

贵州省铜仁市万山区高楼坪侗族乡大树林村。

五、人数分组

每 4 人一组。

六、VIPP 实践活动步骤

（一）在学校预先做好的准备

年级组：出发前跟农业博览园相关负责人员沟通说明本次出行目的，双方做好对接工作。预订出行所需车辆，组织教师会议，明确参与活动教师需要负责的工作，提示教师对学生进行安全教育和环境保护教育等。

班主任：分组，确定小组组长，明确此次出行目的，下发农业博览园出行指南，其中内附出行路线、目的地介绍等相关资料，同时进行安全教育和环境保护教育。

学生：出发前自行了解博览园、生态农业、生态旅游及生态经济等相关知识，并提前查询铜仁市近期天气情况，带好随行所需物品。

（二）参观调查

利用所准备的材料，实地参观农业博览园，观赏农业新科技下生长的各种奇异瓜果及植物，聆听专业人员讲解新农业科普知识，体验采摘生态农业产品，参观生态园餐饮休闲区，调查、分析生态园的布局和资源利用状况，为农业博览园摄影、摄像。此外，也要及时收集政府、企业、游客、该园区的工作人员、当地市民等人士对农业博览园的态度和评价。

七、活动评估

实践结束后，主要从以下几个方面来综合评估实践效果：

（一）通过组内各成员的实地调查过程记录，以及在该过程记录基础上总结出的小组实地调查报告来评估调查结果。

（二）小组报告要由小组成员共同完成，反映小组观察和体验实地调查的过程和收获，报告要体现出小组成员在调研后对生态与经济和谐发展的认识。

八、注意事项

（一）教师要教导学生养成安全隐患防范和环境保护意识，强调切不可随意破坏博览园中的植物、乱扔垃圾，在参观过程中如果看到地上有垃圾要及时捡起，要遵守纪律，不擅自离队。

（二）各组长要认真履行职责，确保组内成员无走散情况。有纪律有组织地开展活动，活动时要团结协作、相互关心，时刻保障自身安全。

（三）教师要明确活动具体区域，告知学生安全区域与禁行区域，以免发生意外事件。教师在引导学生过马路时，要严格遵守交通安全规章制度，走人行道，不乱行，不扰人。若在开展活动时发生预料之外的事故，应第一时间处理，将危险降至可控范围内，并及时将情况上报学校领导。

（四）教师要详细审查学生身体健康状况，对不适宜参加活动的学生做好思想工作，并对其家长做好解释，劝阻其参加本次活动。

（五）嘱咐学生带好手机，以便于联系。

九、过程记录

活动目标	（一）通过本次活动了解生态农业基础知识。 （二）参观生态农业博览园，了解生态农业、生态旅游运行的方式方法。 （三）挖掘生态农业、生态旅游的经济价值，体会生态和经济和谐发展的关系。
过程记录	

附 录

基于大单元视角的普通高中生态文明实践活动安排表

大单元	核心主题	主题活动
家庭篇	零添加	酸酸美味苹果醋
		滴滴醇香葡萄酒
		清香玫瑰甜酒酿
		酸酸甜甜就是"我"——酸奶
	生活趣探	小小生态瓶——蝌蚪成长记
		植物向光性实验——绿豆芽的生长观察
		自制酸碱指示剂,测定雨水 PH 值
		污水过滤——净水器 DIY
	变废为宝	艺术源于生活——鸡蛋壳小盆景
		厨余垃圾处理——自制肥料
		有害垃圾处理——废旧电池再利用
		垃圾分类巧心思——mini 分类垃圾桶
		减塑践于行——环保袋的制作
	资源利用	一滴清水,一片青山
		节能 N 次方,生活更健康
		安全要牢记,能源天然气
	环境污染	噪声制造者,你知我也知
		城市光污染,环保我先行
		农药残留去除,果蔬食用更放心
		践行生态农业,畜禽粪污治理
	调查研究	超市商品常见防腐剂的调查
		生态系统结构和能量流动图的绘制

校园篇	环境与保护	解锁贵州爱地球的N种方式
		清扫地球，洁净你我
		世界的环境、生存的家园，需要你我共同守护
	疾病与健康	人与病毒的前世今生
		认识糖尿病，保持健康生活
		关注艾滋，关爱生命
	资源与利用	"生命源泉"节约用水、合理用水主题实践活动
		保护动物，从"量刑"开始
		爱粮惜粮，当在一日三餐
	协调与平衡	处处造林林似海，家家植树树成荫
		珍爱湿地，人与自然和谐共生
		"以自然之道·养万物之生"生物多样性主题实践活动
	地方与生态	低碳生活，引领绿色生活新风尚
		邂逅北纬26°的贵阳，纵横生态文明之论坛
		"全国生态日"实践活动
社会篇	生态美景	百里杜鹃国家森林公园生态文明实践活动
		梵净山国家级自然保护区生态文明实践活动
		黄果树瀑布生态文明实践活动
		茂兰国家级自然保护区生态文明实践活动
		万峰国家湿地公园生态文明实践活动
		织金洞世界地质公园生态文明实践活动
	生态文化	遵义红色基地生态文明调查实践活动
		西江千户苗寨生态文化调查实践活动
		赤水丹霞生态文明实践活动
		盘州市妥乐古银杏生态文明实践活动
		威宁草海生物多样性调查实践活动
	生态示范	乡村振兴下生态农业的发展调查实践活动
		花溪区国家生态文明建设示范县生态文明实践活动
		万山九丰生态农业调查实践活动